解读早期中国

何以中国

公元前2000年的中原图景

China: 2000 B.C.

许宏 著

生活·讀書·新知 三联书店

Copyright © 2016 by SDX Joint Publishing Company.
All Rights Reserved.

本作品版权由生活·读书·新知三联书店所有。
未经许可，不得翻印。

图书在版编目（CIP）数据

何以中国：公元前 2000 年的中原图景 / 许宏著. —北京：生活·读书·新知三联书店，2016.5 （2025.4 重印）
（解读早期中国）
ISBN 978 - 7 - 108 - 05683 - 2

Ⅰ.①何… Ⅱ.①许… Ⅲ.①中原－文化史－古代 Ⅳ.① K296.1

中国版本图书馆 CIP 数据核字（2016）第 064001 号

责任编辑　曹明明
装帧设计　康　健
责任印制　董　欢

出版发行　生活·讀書·新知 三联书店
　　　　　（北京市东城区美术馆东街 22 号 100010）

网　　址　www.sdxjpc.com
经　　销　新华书店
印　　刷　北京隆昌伟业印刷有限公司
版　　次　2016 年 5 月北京第 1 版
　　　　　2025 年 4 月北京第 13 次印刷
开　　本　880 毫米 × 1230 毫米 1/32 印张 6
字　　数　73 千字　图 138 幅
印　　数　69,001－77,000 册
定　　价　42.00 元

（印装查询：01064002715；邮购查询：01084010542）

目 录

解 题　1

一　陶寺的兴衰　1
陶寺"革命"了?　3
都城与阴宅的排场　6
龙盘、鼍鼓和特磬　10
"革命"导致失忆?　13
"拿来主义"的硕果　16
大邑小国　18
小铜器的大问题　22
是字吗? 什么字?　25
寻"夏墟"找到陶寺　27
禹都乎? 尧都乎?　30
衰亡的谜团与意义　33

二　嵩山的动向　37
"地理王国"出中原　39
两大集团　42

林立的聚落群　　45

扑朔迷离话城址　　48

城邑分布有玄机　　50

危险来自邻人？　　52

近看大邑王城岗　　55

"王城"是怎样造出的　　58

大洪水，传说还是史实　　60

大禹在哪儿治水？　　63

"王城"下游有大邑　　65

大邑瓦店的气派　　67

方正城池的由来　　69

"贵族社区"平粮台　　72

不可小瞧古城寨　　75

暴力：现象与动因　　78

三　新砦的发轫　　81

新砦的分量　　83

众说纷纭话新砦　　85

困惑与收获　　87

从围垣到环壕　　90

铜礼器的讯息　　92

古书中"挖"出铜鬶　　96

龙形象，权贵的秘符？　　99

墨玉璋的来龙去脉　　103

那年月，有国家吗？　　106

逐鹿何以在中原　108

四　**大邑二里头**　113
　　山北的政治图景　115
　　二里头人从何而来？　117
　　此洛河非彼洛河　119
　　一水冲三都　121
　　"半岛"上的新居民　124
　　都邑大建设　126
　　走向全盛　131
　　持续辉煌与都邑终结　135
　　不堪重负的陶器　138
　　难哉，一刀断夏商　139

五　**中原与中国**　143
　　文化大扩张　145
　　二里头国家的"疆域"　147
　　"畿外"的殖民据点？　150
　　长江边的"飞地"　152
　　铜与盐，扩张的动因？　155
　　国家群与"国上之国"　157
　　软实力催生"中国"世界　160

余　论　164
后　记　181

解　题

"何以中国",本来是拙著《最早的中国》(科学出版社 2009 年出版)最后一节的标题。它以设问的形式给了这本小书一个开放式的收束:

> 深入发掘"中国"之所以为"中国"的环境与文化底蕴,无疑会更全面地澄清我国统一的多民族国家形成的历史轨迹。对中国历史的长程观察有助于了解最早的"中国"何以诞生。

"何以中国",本来是对原因的追问,按说回答也应是思辨性的、哲理性的讨论,但这本小书基本上是在叙述一个过程,讲一个故事——最早的"中国"诞生的故事。显然,仅仅叙述过程,无法圆满回答"何以中国"的追问,但对过程的叙述或许比论理更能迫近答案。这本小书所做的就是这种"迫近"的尝试。

如果说《最早的中国》写的是二里头王都这一个"点",那么《何以中国》则试图讲述二里头这个最早"中国"的由来。故可以认为,它是《最早的中国》的姊妹篇。

自"中国考古学之父"李济先生 1926 年发掘山西夏县西阴村,1928 年中央研究院历史语言研究所发掘河南安阳殷墟以来,中国考古学参与古史建构的历史已近百年。通观上个世纪学术界对中国早期文明史的探索历程，由于丰富的文献材料及由此产生的史学传统，这一探索理所当然地以对具体国族、王朝的确认为中心。"证经补史"情结与研究取向，基本上贯穿了学术史的始终[1]。

在超脱了"证经补史"的理念和话语系统之后，古史建构仍被考古学者引为己任，这里的"史"开始被看作囊括整个社会文化发展进程的大历史。作为兄弟学科的文献史学和考古学，则更多地可以看作建构这一大的历史框架的途径和手段。解读文字诞生前后"文献不足征"时代的无字地书，进而构建出东亚大陆早期文明史的框架，考古学的作用无可替代，已是不争的事实。考古人参与写史势所必然，但话语系统的转换却并非易事。本书就是这一路向上的一个尝试，试图夹叙夹议地勾画出那个时代的轮廓。

只能勾画一个轮廓，这主要是由考古学的学科特点决定的。那就是，其以长时段的、历史与文化发展进程的宏观考察见长，而对精确年代和具体历史事件的把握则不是它的强项[2]。受这些特性的影响，考古学角度的叙述与文献史学对历史时期的叙述相比肯定是粗线条的。由此，可以理解的是，公元前2000年这一时间点，上下浮动数十年乃至上百年都是可能的。这个绝对年代只是一个约数，考古学观察到的与这个年代相关的现象只是考古学和年代学目前的认识。以耶稣诞辰为计数起点的这个时间整数，本不具有太多的历史意义。在本书中，它只是我们探究中国早期文明进程的一个切入点而已。

话虽如此，它又是一个颇具兴味的切入点。

按古典文献的说法，夏王朝是中国最早的王朝，是破坏了原始民主制的世袭"家天下"的开端。一般认为，夏王朝始建于公元前21世纪,"夏商周断代工程"把夏王朝建立的年代估定为公元前2070年左右[3],也有学者推算夏王朝始年不早于公元前2000年。总之,在以传世文献为本位的夏王朝始年的推定上,公元前2000年是一个便于记忆的年数。

但文献中的这些记述,却不易与具体的考古学现象相对应。到目前为止,学术界还无法在缺乏当时文字材料的情况下,确证尧、舜、禹乃至夏王朝的真实存在,确认哪类考古学遗存属于这些国族或王朝。狭义的王统的话语系统和视角,也不足以涵盖勾勒出这段历史的波澜壮阔。在考古学上,那时仍处于"龙山时代"[4]。在公元前2000年前后的一二百年时间里,也即在所谓的夏王朝前期,考古学上看不到与传世文献相对应的"王朝气象"。依考古学的观察,这段历史还有重新叙述的必要。

但纷乱中又孕育着新的动向。大体在公元前2000年前后,大河以东的晋南地区,辉煌一时的陶寺文化由盛转衰;几乎与此同时,大河之南的嵩山一带,在"逐鹿中原"的躁动中逐渐显现出区域整合的迹象,新砦集团开始"崭露头角"。显然,它的崛起,为随后以二里头为先导的中原广域王权国家的飞跃发展奠定了基础。在地缘政治上,地处中原腹地的郑州—洛阳地区成为中原王朝文明的发祥地。

鉴于此,公元前2000年,是中原文明史乃至中国文明史上的一个重要的转折点。

一　陶寺的兴衰

陶寺"革命"了?

对于陶寺都邑的贵族来说,公元前2000年前后[5]的这个"千禧年"带来的可不是什么好运,而是临头的大祸:大中原地区首屈一指的陶寺都邑,居然泥腿子造反,发生了"暴力革命"!

"革命"一词,在中国古典文献中,本来指朝代更替,如"汤武革命"(《易》)等。这里则是取其新意,也即社会政治变革,更进一步说,借用的是经典作家"一个阶级推翻另一个阶级的暴力行动"的概念。

何以排除了外来族群的攻掠,可以推断这场"革命"是陶寺社会底层对上层的暴力行动呢?数千年后的考古学家,面对这样的场面也不寒而栗:

原来的宫殿区,这时已被从事石器和骨器加工的普通手工业者所占据。

一条倾倒石器、骨器废料的大沟里,三十多个人头骨杂乱重叠,以青年男性为多。头骨多被砍切,有的只留面部而形似面具,有的头骨下还连着好几段颈椎骨。散乱的人骨有四五十个个体,与兽骨混杂在一起。

大沟的底部一具三十多岁的女性虽保有全尸,但颈部扭折,嘴大张呈惊恐状,两腿叉开,阴部竟被插入一根牛角。

壕沟里堆积着大量建筑垃圾,戳印精美图案或绘制蓝彩的白

被砍切下的人头骨

阴部被插入牛角的受害女性

灰墙皮等，暗示这一带曾存在过颇为讲究的建筑。联系到曾高耸于地面的夯土城墙到这时已经废弃，多处被陶寺晚期的遗存所叠压或打破，有理由推测这里曾发生过大规模人为毁坏建筑的"群众运动"[6]。

包括"王墓"在内的贵族大中型墓，往往都有这个时期的"扰坑"直捣墓坑中央的棺室，扰坑内还有随意抛弃的人头骨、碎骨和玉器等随葬品。这与安阳殷墟西北冈王陵的遭遇颇为类似，而并不像后世的盗坑。两三座贵族墓扰坑中出土的石磬残片，居然能拼合为一件完整器，说明这些墓同时被掘又一并回填，毁墓行为属于"大兵团作战"。掘墓者似乎只为出气而毁墓虐尸，并不全力搜求宝物，所以给考古学家留下的宝贝还有不少[7]。当然，顺手牵羊的事也是有的。一些小墓里就偶尔随葬有与死者身份并不相称的个把高级用品，让人联想到这可能就是"革命者"的战利品。

种种迹象表明，这似乎是一种明火执仗的报复行为。而考古学家从日用品的风格分析，延绵数百年的"陶寺文化"又大体是连续发展的，也就是说，报复者与生前显赫的被报复者，应当属于同一群团。显然，作威作福的陶寺贵族遭遇了一场史无前例的"大革命"，这场来自群团内部的血雨腥风，摧毁了它的贵族秩序和精英文化。

"水能载舟，亦能覆舟"的古训，大概就是从这类历史事件中被我们的先人提炼出来的，而陶寺"革命"应当是迄今所知最早的实例[8]。

都城与阴宅的排场

在此之前,陶寺都邑已经历了二三百年的辉煌。其所在的公元前三千纪后半段,即考古学上的龙山时代晚期,被称作中国历史上的"英雄时代"。这也正是陶寺古国"大出风头"的时代。其都城规模巨大,内涵富于"王气"而傲视群雄,使同时代的众多古国相形见绌。

这个时代,在黄河和长江流域,最显著的人文景观应当就是一座座拔地而起的城圈了。散布于黄河两岸的一座座土城,就是生活在这里的人们适应黄土和黄河的产物,是这一地区迈向文明时代处理人地关系和人际关系的杰作。直立性和吸湿性强的黄土,使得版筑(在夹板中填入泥土夯实的建筑方法)成为可能。高大的夯土城墙和筑于高台上的宫室建筑等,昭示着社会的复杂化,成为中国历史上最早的文明纪念碑。这一颇具中国特色的土木工程建筑方法,在现在的黄河流域农村还时有所见。

陶寺都邑就环绕着这样一周夯土城墙,城墙圈围起的面积达280万平方米[9],城墙周长约7公里。有人测算过,人走路的速度一般是每小时4~7公里,那么一队守城士兵快速绕陶寺城巡查一周,就需要一小时的时间。城墙宽一般在8米左右,高可阻人。绵延达7公里的城墙是多少人,怎么样夯筑起来的?城里又会容纳多少人?巨大的用工量显示的社会动员力,庞大的城区中生活的人口

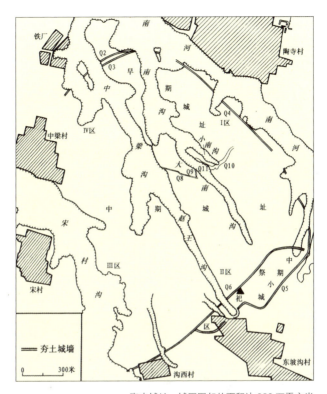

陶寺城址，城圈围起的面积达280万平方米

数，都让人产生无限的遐想。

隔河相望的河南，此后要在中国文明史上大放异彩，这时也是城址林立，但与陶寺的气派相比则要小巫见大巫了。最大的登封王城岗城址30多万平方米，禹州瓦店遗址有两处围以环壕的区域，各为40多万和50多万平方米。其他城址的面积则大多仅有10余万甚至数万平方米。与中原相映生辉的山东，此时最大的城址面积也只有30多万平方米。

这就是陶寺,卓尔不群。

我们再把视线从地面转到地下,看看陶寺社会上层"阴宅"的排场。

近年发掘的一座陶寺文化大墓(编号 M22),堪称同时期墓葬中的"巨无霸"。这座墓也毫无例外地被扰乱了一通,但还是出土了 100 多件套的随葬品。为了安葬这位贵族,长宽分别在 5 米和 3 米以上的长方形墓穴穿地而下,残深仍有 7 米多。陡直的墓壁上还装饰着五周平行的手抹草拌泥宽带,也许就是对居室装修风格的模仿。古代中国人"事死如事生",墓葬是生前生活环境的缩影。

在可以想见的排场的安葬仪式上,人们把一具船形木棺安放在深深的墓室底部正中。木棺由一根整木挖凿而成,通体红彩鲜艳夺

极尽考究的陶寺大墓,墓室与壁龛内遍布各类随葬品

目，上覆布质棺罩。由于毁墓行为，墓主人的尸骨和贴身随葬品都已被扰乱。

一副完整的公猪下颌，被高高地放置在墓主人头端的墓壁中央，公猪的头似乎在威严地俯视着整个墓室。以其为中轴，这面墓壁下方两侧各倒置着3件彩漆柄的玉石钺和戚（钺的一种，两侧边缘有扉齿），兵器的陈设显现出仪仗的威风。棺木的左侧与墓壁间排列着4柄青石大厨刀和7块木案板，厨刀下的骨骸和朽灰表明下葬的当时案板上放着鲜猪肉。墓主人脚端一侧摆放着20爿一劈两半的猪肉，应是用10头猪来殉葬。墓室周围还放有多榀木盒、带漆木架的彩绘陶器、漆器、装在红色箙（盛弓箭的袋）内的骨箭头和木弓等。墓的四壁底部掏有11个壁龛，里面放置精美的玉器、漆器和彩绘陶器等随葬品和猪肉。在墓葬回填、葬仪临近尾声时，一名青年男子作为牺牲被腰斩，尸体埋于墓室的填土中[10]。

陶寺上层人物的排场，由此可见一斑。掘墓人怀有刻骨仇恨的种子，或许就埋藏在这类大墓中。

从毁墓者总是可以准确地直捣墓室看，这些贵族墓在填平墓穴后，地面上一定设有某种标志，至少在他们掘墓时标志还存在。

在已探明的数千座陶寺墓葬中，这样的大墓凤毛麟角。已发掘的陶寺墓葬，呈现出"金字塔"式的结构。一处墓地已发掘的1300多座墓葬中，近90%是仅能容身、空无一物的小墓，10%左右的墓随葬几件乃至一二十件器物，而不足1%的大墓各有随葬品一二百件，包括各类重器。人们相信这是陶寺社会"金字塔"式等级结构的反映，王者、高中低层贵族、平民、赤贫乃至非自由人，分化已相当严重[11]。

龙盘、鼍鼓和特磬

提及陶寺，最令人瞩目的是贵族随葬品中显现出的"礼"——三代礼乐制度的雏形。这些"老礼儿"，是中国之所以成为中国的文明精髓所在。

礼制的核心是等级制度。与体现平等观念的原始习俗迥异的是，礼乐制度体现的是特权和社会成员间的不平等。礼制即等级名分制度，用以确定上下、尊卑、亲疏、长幼之间的隶属服从关系。举行祭祀、朝聘、宴享等政治、宗教性活动的建筑物及使用的礼器，既是社会地位的象征，又是用以"明贵贱，辨等列"（《左传·成公二年》），区别贵族内部等级的标志物。

所以有学者提醒我们，很多人在自豪于"文明古国、礼仪之邦"的时候都忘了，尊卑贵贱恰恰是中国古代"礼"的核心思想。

这里仅由陶寺文化早期社会上层专用的三种重器，一窥华夏礼制的传承脉络。

龙盘，即彩绘蟠龙纹陶盘。绘于黑色磨光陶衣上的朱红色龙纹，在陶盘的内壁和盘心作盘曲状。龙纹蛇躯麟身，方首圆目，巨口长舌，无角无爪。似蛇非蛇，似鳄非鳄，应是两种或两种以上动物的合体。陶盘本是盛食器或水器。但这类彩绘陶盘火候很低，烧成后涂饰的彩绘也极易剥落，所以应是用于祭祀的祭器而非实用器。

彩绘大龙盘为陶寺高级贵族所特有

在陶寺早期墓地中,龙盘只见于几座大型墓,且每座墓仅有一件。稍大的中型墓虽有绘朱彩的陶盘,但其上绝无蟠龙图像。这表明龙盘的规格很高,蟠龙图像也似乎有特殊的含义,而非一般纹饰。有学者推测它很可能是族团的标志,如同后来商周铜器上的族徽一样。

鼍为扬子鳄的古称,鼍鼓即上蒙鳄鱼皮的木鼓。特磬,指单枚使用的大型石质打击乐器。《诗经》中已有"鼍鼓逢逢"(《大雅》)、"既和且平,依我磬声"(《商颂》)的生动描述。《吕氏春秋·古乐篇》还记载了鼍鼓的制作过程。这两种仅见于古代文献的宫廷庙堂乐器,在1930年代安阳殷墟商王陵的发掘中首次出土[12]。陶寺的发现又把这组重要礼乐器的历史提早了千年以上。

一 陶寺的兴衰　11

鼍鼓与特磬　最早的宫廷庙堂乐器

作为古代王室、诸侯专用的重器，鼍鼓、特磬也只见于陶寺早期的几座大型墓。一般每墓放鼍鼓两件，其旁置石磬一件。鼍鼓的鼓腔呈竖立筒状，高1米，直径0.5～0.9米，系以树干挖制而成，外壁通体施彩绘。鼓腔内散落着鳄鱼骨板，可知使用的当时是用鳄鱼皮来蒙鼓的。特磬长达0.8～0.9米，只是未经琢磨雕刻，略显粗陋[13]。

上述情况表明，在陶寺都邑确实已存在某种约定俗成的、严格按照等级次序使用礼器的规制。华夏礼制在龙山时代应已形成[14]。

"革命"导致失忆？

值得注意的是，陶寺贵族墓葬所显现的这套礼仪制度，既有日后被三代王朝文明继承下来的，也有大量就此失传成为绝响的。

回观夏商周三代更替，尽管是伤筋动骨的改朝换代，但诚如孔老夫子总结的那样，"殷因于夏礼，所损益，可知也；周因于殷礼，所损益，可知也"（《论语·为政》），下一个朝代对于上代，继承是主流。而始于二里头的三代王朝对陶寺礼制的扬弃，是否要归因于这场内部革命对旧传统的"砸烂"，从而导致了文化上的失忆？想来意味深长。

陶寺大墓的随葬品一般都有一二百件，包括由彩绘（漆）木器、彩绘陶器及玉石器组成的成组家具、炊器、食器、酒器、盛贮器、武器、工具、乐器和装饰品以及以猪为主的牲体等等，随葬的礼乐器中又以蟠龙纹大陶盘、鼍鼓和特磬最引人注目，已如前述。后来商周贵族使用的礼、乐器，有不少在陶寺都邑已经现身。

但与三代礼器群相比，它又有些较显著的特点。首先这些礼器都不是用青铜来制作的，因此有学者称其为"前铜礼器"[15]。此时的陶寺都邑已经在使用铜器，但还没有用青铜来制作礼器。关于这

一 陶寺的兴衰

陶寺陶鼓（推测即文献中的"土鼓"）

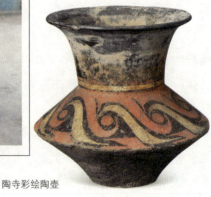

陶寺彩绘陶壶

一点下面还要专门谈及。

陶寺"前铜礼器"群的第二个特点,是礼器组合种类齐全,还存在以量取胜的倾向,食器、酒器、乐器、兵器、工具都是成套出现,看不出"重酒好酒"的倾向。这也大大不同于后来二里头至殷墟王朝以酒器为主的"酒文化"礼器组合。

前述独木船棺的特殊葬具,以及有棺无椁(套于棺外的大棺)的简单葬具,到了三代王朝时期也被复杂的成套棺椁所取代。

尽管社会阶层分化严重,但各等级的墓又同处于一处墓地,并不见殷墟那样独立的王陵区。甚至,几乎所有居民都被囊括进一个大的城圈。这种"全民性",使我们对陶寺社会的进化程度也无法作过高的估计。

与后世的三代王朝相比,这些现象或者是原始性的显现,或者是区域和不同族群间文化特征的差异。

无论如何,陶寺和同时代其他社会发展水平较高的人群间明确的等级划分以及"前铜礼器"群的存在,说明在中原及其周边各地域社会中,作为早期复杂化社会建立新秩序的重要支柱,礼制已经初现于世。但各区域社会的"前铜礼器"各有特色,尚未形成跨地域的统一定制,表明各区域社会尚处于礼制形成的初期阶段。正是这些人类群团的持续竞争与交流影响,奠定了后来华夏礼乐文明的基础[16]。

由于陶寺晚期社会"金字塔"塔尖的折断和贵族传统的中断(这一时期尚未发现社会上层的遗存,能随葬几件玉器的墓主人已属较高层级),三代王朝诞生前后向其汲取养分的程度或许也受到了影响。

"拿来主义"的硕果

细究陶寺"前铜礼器"群来源之复杂，不能不令人惊叹。

从日用陶器为主的民俗层面看，它显然传承自当地黄土高原的土著文化，同时还受到北方地区文化的若干影响。但陶寺的礼器群或说高层次遗存，特别是彩绘陶器、漆器和上面的花纹，以及大部分玉石礼器，并不是仰韶文化或庙底沟二期文化的固有传统，却能在中原的东方、东南方、东北方、西方和南方找到源头。

譬如，目前所知年代最早的尖首圭，见于甘肃秦安大地湾仰韶文化晚期的殿堂式建筑中，陶寺墓葬出土的尖首玉圭，很可能是受到了中原以西的影响。

陶寺出土的尖首玉圭

彩绘陶簋 磨光黑陶搭配朱红，极富装饰效果

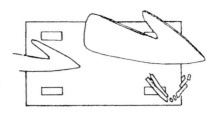

陶寺大墓随葬的木俎及其上面的石厨刀、猪蹄骨

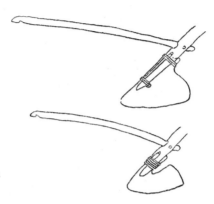

江浙地区史前破土器（开沟犁）的用法

陶寺出土的陶器，能在大汶口文化中找到相似器形的在十种以上。有的器形则见于内蒙古东部和东北地区的"后红山文化"——小河沿文化，或甘青地区的齐家文化。

彩绘陶器上的纹样，在本地尚找不到直接的来源，而与大汶口文化的彩绘风格颇多接近。如大汶口文化晚期墓的器物，有在沿面和圈足底缘涂红，在肩部或上腹部绘出三个大红圆点的习俗，陶寺的装饰手法与其如出一辙。不同的只是，陶寺随葬陶器个体较大，纹样也相应放大，朱红颜料绘在磨光黑陶衣上，色彩鲜艳，花纹斑斓夺目，具有更强的装饰效果。

至于陶寺彩绘图案中的云纹、回纹、几何勾连纹和灵物图案等，甚至可以在距今六千多年前的北方赵宝沟文化陶器图案中找到源头。

陶寺大墓中与木俎（切食品时垫在下面的砧板）配套使用的V字形石厨刀，与良渚文化的同类器也十分相似，应同出一源。有趣的是，在江浙地区史前文化中，这类大型有刃器一般被认为是"破土器"，也即"开沟犁"[17]。有学者推测，或许V形石刀从良渚文化传播到陶寺文化后，其功能有了本质性的改变。

琮、璧是长江下游地区良渚文化最富特征的玉礼器，钺则常见于良渚文化和海岱地区[18]的大汶口—龙山文化，双孔玉刀的渊源则可以追溯到江淮地区。陶寺玉钺与海岱地区同类器的形制更为接近。璧、环类玉器中还含有红山文化的因素[19]。

"物以稀为贵"。显然，陶寺都邑的贵族把远方的输入品作为等级身份的标志物，颇有兼收并蓄、开放包容之胸襟。陶寺文化的礼器群包含的外来因素，表现出中原与周邻区域文化的交流与沟通，尽管这些交流与沟通的具体方式还不得而知。已有学者指出"陶寺类型绝非晋南庙底沟二期类型的自然发展，而是东方文化西渐的产物"[20]。无论如何，我们从陶寺都邑已可看到一种集多源于一体的趋势。

大邑小国

与这种宽大的胸襟，与陶寺都邑"巨无霸"式的庞大气势形成鲜明对比的是，它的"国土"并不辽阔。

严格说来，后世国家领土、疆域的概念在那时还根本不存在，这里我们指的是作为权力中心的陶寺，它大致的控制范围。但即便是说明它的控制范围，对考古学来说也是勉为其难的。没有当时的文字材料，没有可靠的后世文献，考古学只能根据盛行于中心聚落或都邑的一群面貌相近的"物品"向外散布的范围，即所谓的"考古学文化"的分布，来揣测这个群团或政体的空间

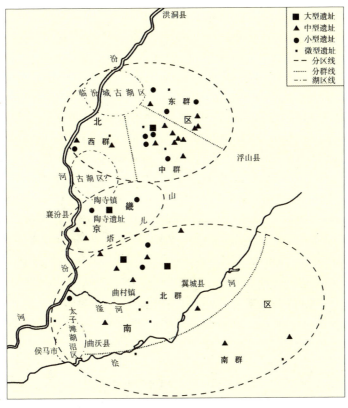

陶寺聚落群的遗址分布（2009～2010年调查）（何驽 2011）

扩展。其推论前提是这两项指标往往大致相合，但肯定也有例外，因此，这样推导出的结论当然也就存在着危险，但舍此也没有什么更好的办法。

考古调查表明，陶寺文化聚落的分布，基本上限于陶寺都邑所在的临汾盆地。盆地位于汾河下游，迄今已发现百处以上同时期的遗址。从面积和内涵上看，遗址可以分成不同的等级，形成以陶寺都邑为中心的多层次的聚落群。距陶寺都邑直线距离不过

山西及其邻境的地理大势（常怀颖 绘）

20公里、中隔塔儿山的方城—南石遗址,面积逾200万平方米,左近的开化遗址面积100余万平方米,可能是陶寺古国的另两处重要的中心聚落[21]。在近年的区域系统调查中,又在陶寺以北的古湖沼区附近,发现了以县底遗址(面积约110万平方米)为中心的聚落群[22]。

陶寺的统治者,似乎是一群耽于享乐而不思开疆拓土的贵族。它的文明高度发达但却"不称霸",因而没有形成"广域王权国家"。

鉴于此,陶寺考古队老队长高炜研究员总结道:"从考古发现看,在同时期各区系中,陶寺文化的发展水平最高,但它的覆盖面大致未超出临汾盆地的范围;它同周邻文化的关系,则表现为重吸纳而少放射。若同二里头文化比较,可明显看到陶寺文化的局限性,说明陶寺尚未形成像二里头那样的具全国意义的文化中心。"[23]

这让我们想起山西,太行和黄河之间这块山河控带、相对封闭的宝地上上演的一幕幕历史剧。

首先是陶寺。大范围吸纳,高度兴盛,但势力范围不出晋西南,甚至仅在临汾盆地,对外影响显然偏弱。真正对其礼乐内涵加以扬弃而发扬光大的,是在河之南、山之东的二里头、二里岗和殷墟文化这个王朝文明的系列。

到了西周时期,晋国继承周文化的衣钵,虽盛极一时,但势力仍不出河东山西。逮至三家分晋、战国诸雄争雄,韩、赵、魏的都城无不迁出山西,定都于外围的河之南、山之东,然后成就其跻身"七雄"的霸业。

后来，又有北魏都城由平城（今山西大同）向洛阳的迁徙……

任何历史剧，都是在地理这一大舞台上上演的。也许可以用一句话概括上述历史现象："起于河东山西，成于河山之外"。山西这方神奇的黄土地，成为一波一波华夏文明潮的策源地。

小铜器的大问题

关于中原青铜器的出现，青铜礼容器的产生以及青铜时代的到来，究竟是本土起源还是受到了欧亚大陆中西部兴盛已久的青铜文化的影响，学术界历来聚讼纷纭。

陶寺文化所处的龙山时代，在时间上正处于以礼容器为特征的中国青铜时代的前夜，北京大学严文明教授认为属铜石并用时代[24]，也有学者认为龙山时代的中原已经进入了青铜时代；空间上，黄河与太行山之间的山西，历来是中原与北方交流的重要孔道，而陶寺所处的晋西南，本身就是大中原的组成部分。因此有理由相信，陶寺一定在中原青铜文明的崛起中扮演过重要的角色。也正因此，陶

陶寺红铜铃
中国最早的复合范铜器

寺零星铜器的发现，惹人注目。

最著名的，是陶寺铜铃。1983年发现于陶寺墓地，这是陶寺遗址首次发现铜器[25]。铜铃颇不起眼。首先是小，长五六厘米，宽两厘米多。其次是做工粗劣，表面有铸造的缺陷和气孔。经成分测定，铜铃系将近98%的纯铜铸成。纯铜质软性脆，呈红色，所以一般称为红铜。较之合金制品的青铜，它当然具有相当的原始性，但陶寺红铜铃却意义非凡。

众所周知，在陶寺古国消亡一二百年后，坐落于中原腹地洛阳盆地的二里头都邑，出现了迄今所知东亚地区最早的青铜礼器群。铸造这些腹腔中空的容器，与冷锻或铸造实心的小件工具、兵器或装饰品等在制作难度上不可同日而语。最难的是必须用复合范，也即两块以上的范，才能造出中空的器具。而如此复杂的造型，又决定了以往简单的石范无法完成铸造任务，灵活多变、易于把握的陶范应运而生。因此，以复合陶范铸造青铜礼乐器，成为中国青铜文明的标志性工艺。

由此可知，探索这项工艺的缘起，意义重大。但中国考古学诞生以来的数十年间，考古学家还没有在二里头之前的龙山时代，发现一件完整的铜容器。而陶寺铜铃则是迄今所知年代最早的完整的复合范铜器。它的出现，说明中原地区在龙山时代已掌握了复合范铸造工艺，为青铜礼器群的问世准备了技术条件。这就是陶寺铜铃的出土引起巨大关注的原因所在。

同时，陶寺铜铃也是迄今所知中国历史上第一件金属乐器。从渊源上看，陶寺铜铃是同时期当地陶铃的仿制品。陶铃的起源，则可上溯至仰韶时代的黄河和长江"大两河流域"的广大

一 陶寺的兴衰 23

区域。向下则与二里头文化成熟形态的铜铃有承继关系。发掘者和音乐史专家认为，陶寺铜铃的出现，"标志着构成中国三代音乐文明重要内涵的'金石之声'时代的来临，可说具有划时代的意义"[26]。

但令人不可思议的是，铜铃见于一座仅能容身的小墓，时代属陶寺文化晚期。墓主是一位年过半百的男子，铜铃入葬前应挂于死者腰部至下腹间。墓中除了这件铜铃，别无长物。不可思议处也正在于此。

陶寺早中期大墓礼器群中不见铜制品，表明复合范技术在出现之初可能尚未被用来制作礼器。但铜铃在当时即便不属于礼器，它具有的高新技术含量也势必使其成为"金贵之物"，而不应为贫民所有。说不定真如前文所说，这件出土于小墓的铜铃是陶寺"革命者"的战利品，也未可知。

新世纪以来，陶寺铜器又有新的发现。先是一座陶寺晚期的中小型墓中出土了一件铜齿轮形器，经金相分析，铜齿轮形器系用含砷的铜制成的。这件铜器在墓中与一件玉瑷粘在一起，套在墓主的手臂上，推测可能是臂钏一类的饰物[27]。这墓的主人稍富，颈上戴着蚌片项链，胸部还放着一件玉器，但也并非社会上层。数年前，陶寺都邑建筑区又发现了一片含砷的铜容器残片，发掘者推测可能是盆的口沿，时代属陶寺文化中期，表明此时陶寺都邑已经开始铸造和使用铜容器[28]。这件铜器过于残碎，总体器形难辨，又非随葬品，因此是否属礼器尚难遽断。

无论如何，这些发现为中原早期铸铜工业起源的探索，增添了新的重要线索。

陶寺铜齿轮形器　　　　铜齿轮形器与玉瑗粘连的状态

是字吗？什么字？

另一项引起极大关注同时又引发热议的，是陶寺都邑发现的文字。大家都知道文字的出现被认为是文明的一项重要标志，而文字提供的历史信息又绝不是一般遗物所能比拟的。

1984年，陶寺遗址居住区的一个灰坑（编号H3403）里，出土了一件残碎的陶扁壶。这种正面鼓腹背面平腹的灰陶汲水器，在陶寺遗址是再普通不过的日常用器。但就在这件不起眼的残陶器上，竟赫然有朱红彩毛笔的笔画痕迹[29]。发掘者惊喜之余，赶紧在坑内的出土物中找另外的残片或第二件朱书陶器，结果一无所获。回头仔细观察扁壶残器，发现沿断茬涂朱一周，才知道书写字

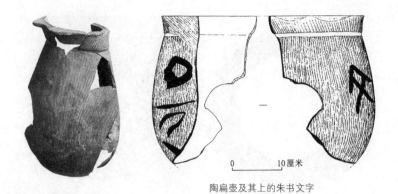

陶扁壶及其上的朱书文字

符时扁壶已残。沿断茬涂朱,或许有特定的含义。

再看朱书内容。扁壶正面鼓腹一侧,有一"文"字。由于此字与甲骨文和金文的"文"字在形体和结构上都十分相似,所以过目的学者几乎没有提出异议者。问题出在扁壶背面的图形上。发掘者凭直觉审慎地认为应是两个朱书"符号",不识。的确,比较扁壶正面"文"字的大小,背面的图形似属二字,上下两组笔画的间距已超过3厘米。观察过扁壶的美国哈佛大学张光直教授就曾推测过:"会不会是字?""会不会是'祖丁'?"[30]

在朱书扁壶的图像材料公布之后,对字符的解释层出不穷。关于"文"字,基本上无异议,一般认为应是表赞美之意。但也有学者明言这一"朱书符号不得释为'文'字,在此释读基础上发生的一切联想均属凿空,是可以下断语的"[31]。对于扁壶背面的"符号",则异见纷呈。

中国社科院罗琨研究员认为后"两"个字符应为一个,她释为"昜"字,认为"昜文"也即"明文",推测陶寺陶文用两个字和一个符号（界划）记述尧的功绩，以便帮助记忆，传诸后世[32]。陶寺工作队现任队长何驽博士同意扁壶背面的字符应为一字，但他认为最接近甲骨文的"尧"字，而"尧"的本意应指"建立在黄土高原上的高大夯土城墙"。扁壶朱书"文尧"与周边划界符号，包含着唐尧后人追述尧丰功伟绩的整个信息[33]。北京大学葛英会教授也赞同此说[34]。中国社科院冯时研究员则释扁壶朱书文字为"文邑"二字，并根据甲骨文、金文有关"文邑"与"文夏"的资料，考定"文邑"实即夏邑，陶寺龙盘图案为"句龙"（即"禹"），也就是夏社。因此陶寺应为夏都，而陶寺文化应属夏文化[35]。最新的解释是，扁壶背面"这个字的象形，非常清楚地代表着原始的缫丝"[36]。更有学者提出这样的疑问："既然H3403这件扁壶是在已经破损后才写上'文字'，为什么非要以扁壶的形态决定文字的正反方向呢？如果将扁壶倒着来看其上的'文字'，更像是符号或尚未超越象形文字范畴的文字。"[37]

仁者见仁，智者见智。客观地讲，上述见解，基本上不出推测的范畴。

数年前在陶寺建筑区又出土了一件朱书陶扁壶残片，证明陶寺文化晚期扁壶的朱书"文字"并非孤例[38]。

寻"夏墟"找到陶寺

也许您要说，论史就不能光用考古学的话语系统，这么大个都邑它总得有个说法有个名姓吧？也难怪，我们中国是历来不缺文献

陶寺遗址远景

典籍的，没名没姓的总说不过去。这是国人的普遍想法。不仅文献史学家在努力，考古学家也深恐被看成不具有古史重建能力的"发掘匠"，当然也热心参与论证。

的确，在中国，丰富的文献典籍资源，给解读丰富的考古学材料提供了广阔的空间。上世纪初，王国维创造性地用传世文献和地下文字材料互证的"二重证据法"，最终确认甲骨文和殷墟的主人系历代商王，使商代后期的历史成为"信史"。这一重大学术收获给了中国学者以极大的鼓舞。像大师王国维那样，弄清年代更久远的考古学文化主人的身份，把中国"信史时代"的上限再向上推，当然是考古学家心底的梦。因此，"对号入座"研究几乎从每一项重要发现的开始就展开了，成为数十年来中国考古学和上古史研究领域的一大景观和特色。

但正如我们已指出的那样，殷墟时代及其后的"历史时期"考古学与前殷墟时代的考古学，在研究对象与方法上有一个本质的不同，那就是对后者而言，使商王朝成为信史的"二重证据法"中不可或缺的要素——地下文字材料（像甲骨文那样的文书而非个别字符）开始付诸阙如。几乎在中国考古学诞生之初，乐观自信的考古学家就开始把严苛的"地下文字材料"放宽到没有文字的"地下材料"，认为从年代、地望、社会形态、文化特征诸方面把它们与传世文献互证、检验，也可以确定夏文化甚至五帝文化等，从而将中国的"信史时代"不断推前[39]。

这就是一系列关于族属和朝代推断的认识前提。数十年来，在中国考古学与上古史领域，将名人望族大国"对号入座"的推测式研究聚讼纷纭，至今莫衷一是，其缘由也概出于此。

有了这样的学术背景，我们再看与陶寺相关的推论就比较清楚了。回观陶寺遗址的探索历程，我们知道这处大邑的发现本身就是有目的地寻找夏文化的结果。

最早循文献记载来晋南寻找"夏墟"的是李济先生，那是1926年的事了。中国社科院考古所山西队于五六十年代在晋南开展的大规模考古调查，是"围绕着探索夏文化的学术任务"。在1970年代考虑田野工作切入点时，曾请教著名考古学家苏秉琦先生，苏先生也认为山西队的学术任务，就是要探索夏文化。时任考古所所长的夏鼐先生则是敲定1978年陶寺遗址发掘的决策者[40]。

前述陶寺遗址的重大发现，令学界兴奋不已。当时占主流的假说是二里头和东下冯类型属于商文化,而按当时的碳素测年认识,陶寺文化的年代概算为公元前2500~前1900年。发掘者在正负值可摇摆数百年的夏代纪年中,选取了最早的极端值——公元前24~前18世纪。由此认为陶寺中晚期已进入夏纪年,陶寺遗址和墓地很可能就是夏人的遗存[41]。

禹都乎?尧都乎?

在陶寺遗址的材料公布不久,即有学者提出了与发掘者不同的认识。认为"陶寺的许多发掘资料与文献中所说的尧舜时期的情况,实在可以相互对照"[42]。"陶寺类型无论在年代、地域,还是文化特征所反映的社会性质方面都与夏王朝不尽相符,很难说它是夏文化"[43]。

此后,学者进一步论证陶寺文化应为唐尧文化,或认为应是有虞氏或其一支的文化遗存。又有学者提出陶寺文化实非单一的属于唐尧,或虞舜氏族或是夏族的文化遗存,而是以陶唐氏为首的联合有虞氏和夏后氏等氏族部落联盟中心所在的文化遗存[44]。与此相近,有学者认为陶寺文化早期应为唐尧(舜)文化,而陶寺文化晚期应为夏文化,陶寺遗址为尧至禹的都城所在[45]。在认为陶寺晚期龙山文化阶段是最早的夏文化的同时,指认二里头文化东下冯类型早期是前期夏文化,河南伊洛地区的二里头类型晚期文化则是后期夏文化[46]。

帝尧故里的当代景观（临汾尧陵）

陶寺工作队老队长高炜研究员敏锐地意识到这种推论的问题所在："陶寺类型同二里头文化东下冯类型之间并不存在直接的传承关系，同豫西的二里头类型更谈不上有这层关系，那么，夏文化是否可能包括前后不相连贯、不同系统的两支考古学文化呢？"

他在回顾自己关于夏文化观点的转变过程时，坦陈"陶寺夏文化说"的思想基础是"二里头商都西亳说"，1980年代随着偃师商城的发现提出的"偃师商城西亳说"对原来的认知体系形成致命冲击。经过十余年从困惑到思考的过程，他接受了"二里头遗址的主体为夏文化说"，从而放弃了"陶寺夏文化说"。

"在对夏、商分界重新思考后，对陶寺文化又怎样看呢？"高炜先生的分析大体代表了目前学界的认识："鉴于陶寺文化的中心区同后来的晋国始封地大致重合，根据《左传》昭公元年、定公四年记载，这一地域应即史传'大夏''夏墟'的中心区，又是唐墟所在。若仅从地域考虑，陶寺遗存族属最大的两种可能，一是陶唐氏，一是夏后氏。若从考古学文化系统来看，既已判断二里头文化主体为夏文化，而陶寺文化同二里头文化的两个类型又都不衔接，则将其族属推断为陶唐氏更为合理。"**47**

　　我们注意到，上述假说的提出以及放弃，都是建立在另外的假

新建的临汾尧庙

说及其变化的基础上的。而包括"二里头夏文化说"在内,诸假说都没有当时的"内证性"文字材料的支持。如前所述,精通古文字和古文献的冯时研究员仍然坚持"陶寺夏文化说"。论辩各方也都没有充分的理由彻底否定他方提出的可能性。

扎实的田野工作收获,似乎一定要落脚在无从验证的族属和朝代推论上,才能彰显研究的深度。这是数十年来怀揣古史重建理想的中国考古人的执着追求,显现出一种整体的研究取向。显然,在当时的重要文字材料出土之前,这一思路的研究注定不可能有实质性的进展。

衰亡的谜团与意义

美国艺术与科学院、国家科学院院士贾雷德·戴蒙德(Jared Diamond)教授在《崩溃——社会如何选择成败兴亡》一书中,把一个社会崩溃的原因归结为五点因素,即生态破坏、气候变更、强邻在侧、友邦援助的减少以及社会自身应对之道,并认为最后一点是至为关键的[48]。

到目前为止,就陶寺社会的衰亡原因,考古学家还无法给出确切的答案。数以万计的人口聚集一处,要衣食住行,并供养着一个奢侈享乐的统治阶层,社会繁荣达三百年之久。其间,上述每一个因素都可能发挥影响力,相互作用,使陶寺社会在最后一个诱因的作用下,最终退出历史舞台。

"革命"虽然削去了陶寺社会金字塔的塔尖，但这个社会仍延续了百年左右才最后消失。在这百年里，陶寺失去了作为权力中心的都邑地位吗？抑或从控制整个临汾盆地到仅保有塔儿山以北的"半壁江山"[49]？它的社会上层在"革命"中仓皇出逃、另择新都，因而导致陶寺的衰落？还是这处都邑接近无政府状态，在高度的阶层分化后，社会归于"平等"，陶寺人在"共同贫困"中走完了他们最后一百年的历程？陶寺人的最终下落又如何？真如有的学者推测的那样，陶寺人是被逼北上到了内蒙古朱开沟一带？不过，与二里头关系密切的东下冯势力在晋西南的出现，应该是陶寺衰亡之后一百余年的事了。那么，又是什么人逼走了他们呢？种种谜团，都有待进一步廓清。

无论如何，随着陶寺文明退出历史舞台，其所在的大中原区域内的晋南地区数千年来自主发展的历程也宣告终结。从随后的二里头时代起，它开始接受来自大河之南中原腹地的一轮轮文明输出的冲击波，最终被纳入王朝体系。这样的命运，也是东亚大陆众多区域文明化或"被文明化"的一个缩影。

在此前的一千余年间，中原周边地区各支文化异彩纷呈的发展曾给人以深刻的印象，如内蒙古东部和辽西地区的红山文化、黄河上游仰韶文化大地湾类型、长江下游的良渚文化、长江中游的屈家岭—石家河文化以及黄河下游的大汶口—海岱龙山文化等。但在陶寺文明消亡数百年前直至与陶寺大体同时，这些区域文化相继盛极而衰。此后的二里头—二里岗时代，中原周边地区还存在有夏家店下层文化、岳石文化、湖熟文化、马桥文化、肖家屋脊文化等考古学文化。这些后续文化与此前高度发展的当地文化之间缺少密切的承继关系,甚至显现出文化和社会发展上的停滞、低落甚至倒退的迹象。东亚大陆王朝兴起前后这种大范围的文化起伏现象,或可称为"连续中的'断裂'"[50]。

就这样,公元前二千纪之初,中国历史上的"英雄时代"——龙山时代过去了。陶寺,则当之无愧地成为这个时代的顶峰和绝响,同时也昭示了一个新纪元的到来。

二　嵩山的动向

"地理王国"出中原

从海拔500~400米的陶寺大邑,向东南过黄河,山地丘陵连绵起伏,其间的河谷盆地降至海拔300~100多米。这就是以中岳嵩山为中心的中原腹地。

如果论险峻秀美或"养眼"度,中岳嵩山至少在著名的"五岳"中排不到前面去。独拔头筹的是它在东亚大陆上卓越的地理位置,以及由此带来的悠久深厚的历史文化积淀。

在大家熟知的中国地形图上,除了高耸的青藏高原外,巨大的中国版图基本上是由西北的棕黄(第二阶梯)和东南的青绿(第三阶梯)两大板块组成的。值得注意的是,五岳平均分布于两大板块:北岳恒山和西岳华山位于棕黄板块,东岳泰山和南岳衡山位于青绿板块,而中岳嵩山,正处于两大板块的交界处。

在黄河即将冲出黄土高原的地方,嵩山像一座灯塔,引导着她奔向广袤的华北大平原。以1500余米高的嵩山主峰为中心,其北的太行山、王屋山,其西北的中条山、崤山,其西的熊耳山,其西南的伏牛山等2000米左右的诸山脉,围起了一个坐西北朝东南的小座椅,东边则是河道与若干大泽形成的断续的隔离带,形成了一个"地理王国"。

从地理大势上看,这把座椅绝不封闭。太行、王屋雄峙黄河北岸,伏牛分割淮河与长江水系。其间各山脉之间,中国古代四

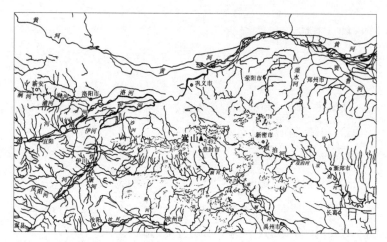

以嵩山为中心的"座椅"地势

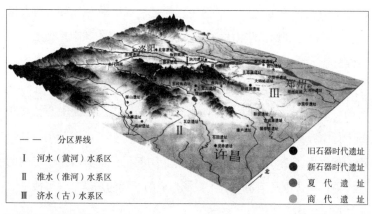

环嵩山区域地形三维图

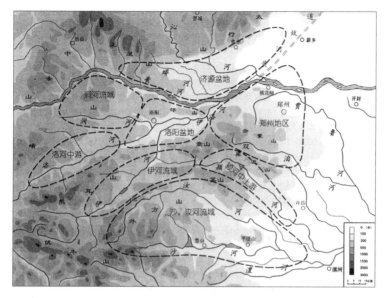

中原腹地的地理地貌（张海 2007）

渎中的河、济、淮三水及其支流呈放射状外流。这些河流及其支流组成了密集的水路系统，连通中原腹地内部及周边区域，形成交通枢纽。

向南。由中原腹地南下至南阳盆地，即可到达汉水的支流白河进入长江水系。由颍河、汝河入淮河向下，则很容易地进入长江下游；由白河入汉水向下，则可顺利抵达长江中游。

向北。黄河以北，有沿太行山脉东侧连接燕山南北一带的通道、沿其西侧的晋中盆地连接内蒙古鄂尔多斯和内蒙古中南部的通道。中原腹地恰好位于这两大通道的南端，是两者的交汇之地。

向东向西。中原腹地也正位于以西的关中平原和以东的海岱地区之间，是与东西双方保持紧密的交通联系的重要孔道。向东由黄河、古济水、淮河可达黄河下游；向西由黄河、涧河河谷过三门峡、函谷关可达关中甚至更西的地区。

同时，与南方水系相关联的生态环境，和以黄土地带所代表的黄河水系的生态环境，也在嵩山南北一带相交错。丰厚肥沃的黄土、暖温带半湿润半干旱气候，造就了适应旱作农业甚至多种经济的温床。"座椅"内，不同水系间的分水岭多为低山，河流谷地与山间盆地相连，便于交通。古文化遗址就往往分布在河畔的黄土塬或河流阶地上，它们既相对独立，又多有交流。

这就是中原腹地。

人们常形容整个中国版图是一把坐西北朝东南的大座椅，座椅内山地高原和平原丘陵区的交界处，又形成了中原腹地这把小座椅。有学者称之为"嵩山文化圈"[51]。这样的生态环境边缘地带，也正是文化板块的碰撞交汇处。高度发达的文明，往往就是这种碰撞交汇的结晶。最早的"中国"也就诞生在这里。

两大集团

到了大约公元前 2400 年以后的龙山时代晚期，中原腹地的考古学文化一般被称为"王湾三期文化"[52]。与此同时，几乎没有学者认为它是铁板一块。一般以嵩山为界，将山北山南有地域差别的文化又分为两大类型，称为"王湾类型"和"煤山类型"（或"王城岗类型""郝家台类型"）[53]。有的学者甚至认为嵩山南北两大文化板块的差异,已到了可以划分为两大考古学文化的程度[54]。

有趣的是,这种考古学本位的、基于文化面貌的划分方案,恰好与中原腹地黄河水系和淮河水系的划分是一致的。人地关系,密不可分。

考古学家只能"由物见人",最拿手的是通过日常使用的锅碗瓢盆分辨不同的人群。一般认为嵩山南北这两个区域(或称汝颍区、郑洛区)人群的最大不同在于其做饭的炊器:山北的王湾类型以深腹罐为主,同时有鬲;而山南的煤山类型则以鼎为主。中国远古文化以鼎鬲文化著称,大体上看,用鼎(三实足炊器)的人群居东南,用鬲(三空足炊器)的人群处西北,交汇处恰在中原。日后二里头文化中鼎、深腹罐、鬲兼有,到二里岗文化鼎鬲并存以鼎为重,显现出这两大板块融合交汇之势,这是后话。

两大板块的其他不同之处还有不少,事涉考证过于烦琐,兹不赘述。值得一提的是,从接受周边地区不同文化影响的程度上,也能看出二者明显的地域差别。

总体上看,龙山时代中原腹地接受的周边地区文化因素可以分为三大类,即泛东方文化系统(含主要分布于豫北、豫东及更东的后冈二期文化、造律台文化或称王油坊类型,以及海岱龙山文化)、南方文化系统(主要是长江中游的石家河文化)和泛西北文化系统(含晋陕高原的各支龙山文化和甘青地区的齐家文化)。就地域而言,中原腹地偏东的郑州地区,受"泛东方文化系统"的影响较多,嵩山西北的洛阳盆地、涧河流域,受"泛西北文化系统"影响较多,偏东南的伊河流域、颍河中上游地区和沙汝河流域,受"南方文化系统"和"泛东方文化系统"影响较

鼎（安阳后冈）

鼎（永城王油坊）

鬲（三门峡三里桥）

鬲（襄汾陶寺）

多,而黄河以北的济源盆地,则主要受"泛东方文化系统"和"泛西北文化系统"的影响[55]。

可见,周边地区不同考古学文化的影响,是构成中原腹地各区域社会文化面貌差异的一个重要因素。从考古学现象上,可以窥见周边地区的人群通过不同的途径施加各自的影响,从而参与到"逐鹿中原"的过程中来。

那么这两大集团究竟是战是和,关系如何呢?不少学者认为二者应是由对峙走向统一的。吉林大学王立新教授即认为,"由龙山晚期至二里头文化阶段,伴随嵩山南北地区的两支考古学文化由南北对峙而走向整合,聚落形态亦由多中心、对抗式聚落布局演进到单中心、凝聚式的布局结构。这显然是统一的政治秩序得以建立以及由此所造成的区域内背景复杂的不同人群得以整合的结果"[56]。

对二里头国家崛起"前夜"中原各集团关系而言,这还只是解读方案之一。对这一段历史,学术界仍不得其详。

林立的聚落群

上面的划分当然是一种极粗线条的归纳和概括。从考古学上,可以观察到分布于众多小流域和盆地中一簇簇的聚落群,显然是众多既相对独立又相互联系的小集团的遗存。它们大致以各自所在的地理单元为区隔。各聚落群都由一处较大的聚落和若干中型、大量小型聚落组成，每个聚落群大致与现代一个县的规模相当。

在嵩山东南的豫中地区，以嵩山、伏牛山和黄河故道相隔，是淮河水系的颍河、双洎河和沙河、汝河流域，这一带共发现300余处龙山文化遗址。其中错落分布着20余处大中型聚落，应是各小区域的中心聚落。这些中心聚落中又有6处围以夯土墙或壕沟。每个聚落群都由一、二级中心聚落（面积在10万和20万平方米以上）和若干小型聚落（面积在数千至数万平方米）组成。所有中心聚落都位于河流附近，它们的距离在25~63公里之间，平均距离40公里，平均控制区域面积1200多平方公里。聚落群之间往往有

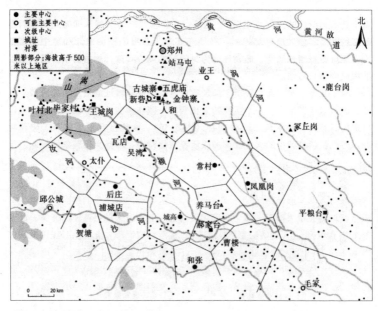

豫中地区的龙山遗址群（刘莉 2007）

遗址分布稀疏的地带，表明这些共存的政治实体似乎有一定的疆域限制。大致等距分布的中心聚落和防御性设施的存在，显示这些政治实体具有分散性和竞争性[57]。

嵩山西北的洛阳盆地及周边、洛河中游和伊河等区域的聚落状况也由于新世纪以来开展的区域系统调查而不断明晰起来。

以洛阳盆地及周边区域为例。古伊河和古洛河在盆地中部交汇为古伊洛河，最终流出盆地。遗址多分布于河流两岸的阶地和黄土丘陵上。研究者将盆地中东部区域系统调查区域内发现的95处龙山文化遗址分为三群，即北部邙山与古洛河—伊洛河之间的"邙山聚落群"、南部嵩山与古伊河—伊洛河之间的"嵩山聚落群"以及伊、洛两河之间夹河冲积平原上的"夹河平原聚落群"。各群分别包括19处、61处和15处龙山文化时期的聚落，最大的遗址面积达60余万平方米，而1万～20万平方米的中小型遗址占半数以上。各聚落群之间在大中小型聚落比例、聚落结构和分化态势等方面都有较明显的差别[58]。位于嵩山北麓、伊洛河下游支流的坞罗河和干沟河流域也显现出与洛阳盆地中"嵩山聚落群"相近的聚落结构。坞罗河流域龙山文化时期出现的20万平方米以上的大型聚落引人注目[59]。

总体上看，龙山时代晚期阶段以各小流域为单元的聚落群广泛分布于中原各地，它们多为一个中心聚落所控制，内部等级分化明显，从而形成了一种"邦国林立"的局面。考古学文化谱系的研究表明，这些聚落群分别拥有不同的文化背景和传统，而大量的杀殉现象、武器的增多和一系列城址的发现又表明它们之间存在着紧张的关系，冲突频繁地发生。正是在这一过程中，区域间的交流和融合也不断得以加强,并最终促成了二里头广域王权国家的形成。

扑朔迷离话城址

在陶寺大邑偏安晋西南一隅、独尊独大的同时,大河之南的嵩山周围却是一片"战犹酣"的热闹景象。各方势力在此展开角逐,其情势可谓"城头变幻大王旗"。

在林林总总的中原大小聚落群中,最令人瞩目的要算是十几座城址了。先给它们拉个清单:

城址名	城址面积（万平方米）	聚落面积（万平方米）	文化类型	备注
登封王城岗	30余	35~40	王湾三期文化煤山类型	2座小城,早于大城
新密古城寨	17.7（城内11）	28	同上	
新密新砦	70	—	同上	环壕？
禹州瓦店	40+50	50+56	同上	环壕
平顶山蒲城店	4.1（城内2.7）	—	同上	
郾城郝家台	3.3	6.5	同上	
温县徐堡	20	40	王湾三期文化王湾类型	
博爱西金城	30.8（城内25.8）	—	同上	
安阳后冈	——	10	后冈二期文化	

续表

城址名	城址面积（万平方米）	聚落面积（万平方米）	文化类型	备注
辉县孟庄	城内 12.7	—	同上	
濮阳戚城	近 16	—	同上	
淮阳平粮台	5（城内 3.4）	5	造律台文化	

这类围以夯土城墙的聚落，其军事防御色彩无可置疑，即它的主要功能是防人，充分显现了地区局势的紧张。但说到功能就比较复杂，而且各城址的分化程度很可能并不一致。北京大学赵辉教授等进而指出，"如果遗址面积也是衡量居住其中的集体实力的一个指标的话，各城址的情况也不一致"[60]。在有城址的遗址群中，就面积而言城址卓尔不群者有之，非围垣聚落大于城址的情况也有之。所以要用"城堡"称呼吧，对于内部已高度复杂化、特殊化，显然属中心聚落的某些城址来说，显得名实不符；如果直呼其为"早期城市"或"都邑"吧，恐怕其中还真有村落围起来个土围子的。比如我们在安阳后冈城址中就没有发现什么高等级的遗存。因此，赵辉教授提醒到，"将这些城址一概而论是危险的"[61]。

就聚落与城圈的关系而言，有的将整个聚落通通围起来，无论居民高低贵贱，从而凸显"全民抗战"的架势；有的只围起了一部分可能属社会上层的区域，而把普通百姓隔在城外。或许没有囊括整个聚落的小城圈只不过是一处战时避难所，也未可知。从时间上看，城圈与聚落相始终，还是只存在于其中的一个时间段，也很重要。

此外还涉及这些城究竟是防谁的问题，社会主要矛盾究竟是群团内部的"阶级斗争"还是大敌当前的一致对外。进而,所谓敌人,究竟是中原集团内部邻人聚落、聚落群或更大的集团,还是中原文化区以外的另一系统的大集团?

遗憾的是考古学的对象本来就是残缺不全的,田野工作又有很大的随机性,许多场合的情况已根本无法搞清或尚未搞清楚。这就使问题变得颇为复杂,同时也给学者的解读提供了广阔的空间。

城邑分布有玄机

我们先看河南学者魏兴涛博士新近提出的一个假说,这一假说可以概括为大集团间或文化间冲突说[62]。

他注意到了这样一个现象:在龙山时代晚期的中原地区,除了地处中原腹地西北、晋西南地区的陶寺大邑外,其他11处中小型城址的兴废时间大体一致,使用时间都不长。尽管无法做细致的把握,大胆诉诸绝对年代,主要存在时间集中在公元前2100~前2000年前后。更有意思的是它们的空间布局,居然大体由北向南蜿蜒一线,分布于中原地区的东缘!

具体言之,位于中原东北、太行山东麓山前平原上的安阳后冈、辉县孟庄和濮阳戚城城址,属于后冈二期文化;位于最东南的淮阳平粮台城址,属于造律台文化(或称王油坊类型)。这两个文化类型尤其是后者介于中原与海岱两大文化区之间,至于究竟归属于东西方哪个大阵营,学者们辩论了多年也没个明确的结果。不过

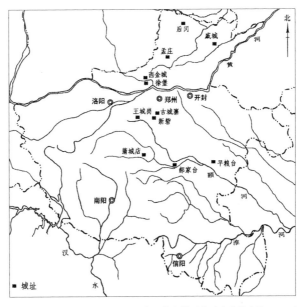

中原龙山城址的分布（魏兴涛 2010）

说它们你中有我，我中有你，颇起到桥梁和中介的作用，是争论各方都没有异议的。除此之外的七座城址，都属于前述的王湾三期文化。其中黄河以北的博爱西金城和温县徐堡两座，处于王湾类型的东北部边缘；其余的登封王城岗、新密古城寨、新密新砦、平顶山蒲城店、郾城郝家台等五座则都位于颍河上游及其支流双洎河、沙河流域。

与此形成对比的是，王湾类型的中心区洛阳盆地遗址密度大、聚落规模也偏大，遗迹档次与遗物制作技术水平也不比嵩山东、南的煤山类型低，处于大致同一生产力水平、同一社会发展阶段、同一考古学文化内部的两个类型，何以后者已发现多座城址，而前者

二 嵩山的动向

中心区尚无一发现？魏兴涛认为，对于这一问题，用考古工作不足的原因恐无法解释。兴衰倏忽的上述城址，也无法用洪水冲毁、聚落搬迁、暴力易主、城乡差别或聚落（群）间关系紧张来解释。

他进而注意到这些城址的出土遗物中较集中地出现了海岱龙山文化和江汉地区的石家河文化的因素，认为应是海岱区和江汉区文化影响的结果，而以前者的影响为主。如果放眼更大的时空范围，便会发现史前大的集团或文化区之间曾屡屡发生强烈的影响或碰撞。他的解释是，龙山时代后期之初，为了抵御来自其他集团尤其是东夷集团的侵袭，正在崛起的华夏集团的东部一带一定区域内的中心聚落或重要聚落筑城自卫，或许正是上述古城大体同时出现的具体背景。

考虑到这时正处于文献所载的夏王朝早期，魏兴涛博士也与不少学者一样，认为中原龙山文化中的东方因素应与夏代早期的"夷夏交争"相关联。

但问题似乎并不那么简单。

危险来自邻人？

"共时性"的确认是最令考古学家头疼的事。由于考古学上的一期可逾百年甚至更长，所以同属一期的遗存并不一定具有"共时性"。这些使用期短暂的城址，究竟是否同时存在过，颇难敲定。对历史事件和绝对年代的把握本来就不是考古学的强项。随着年代

王城岗遗址发掘现场

学的长足进展,仰韶—龙山时代遗存的碳素测定年代有趋晚趋短的倾向,既往的推定与最新的数据可以相差二百年。种种因素的限制,使得各城址的标本采集和测定难以统一实施从而放到同一平台上来比较。就龙山时代而言,精确到百年就显得捉襟见肘。宜粗不宜细虽属无奈,但却往往被考古学家奉为准则。

王城岗遗址发掘主持人方燕明研究员,就排定其中四座城址使用时期的相对顺序为:

王城岗小城(公元前2165～前2077.5年,两个数据取中间值,下同)

→王城岗大城(公元前2102.5～前1860年)

→瓦店(公元前2105～前1755年)

→古城寨（公元前 2017.5～前 1997 年）

→新砦（公元前 1870～前 1720 年）[63]

至于郾城郝家台城址，则较王城岗还要早些，殆无异议。

另外，我们在上文中已对遍布中原各地的聚落群作了梳理。尽管它们在日用陶器等方面有若干共性，但同时又表现出很强的地域性。尤其值得注意的是，这一时期在整个中原地区并没有发现超大规模的、具有跨区域影响力的中心聚落，没有显著的区域整合的迹象。由是，也就难以想象整个中原集团在其东部"边境"一带会组织起统一有效的防御系统。

西北大学钱耀鹏教授曾提出中原地区龙山时代"以城址为中心的扇形聚落群结构"的概念，指出这些城址并不在所属聚落群的中心部位，而是偏于一侧，处于扇心位置。他进而根据扇形聚落群所具有的对抗性极强的特点，推测这种结构"须是在长期而比较激烈的对抗局面下形成的，而且须以超越聚落群的社会组织存在为前提条件"[64]。"超越聚落群的社会组织"的存在，也有待于进一步的探究。

已有学者指出没有发现城邑的洛阳盆地，其社会分化程度也不似嵩山东南的颍河中上游高。后者的聚落群在龙山文化晚期时规模急剧扩大，而其他地区则基本保持稳定。从仰韶时代到二里头时代，"中原腹地区域聚落群的发展重心逐步由洛河中游地区、颍河中上游地区等中原的'边缘'区域转移到作为中原腹地中心的洛阳盆地"[65]。的确，二里头都邑在洛阳盆地的出现具有突发性，缺乏源自当地的聚落发展的基础，应当不是洛阳盆地龙山文化社会自然发展的结果[66]。

也就是说，如果把城址集中出现的中原东部地区看作一个大集团的"前线"，那么其后方的中原腹地的中心区域迄今并没有发现一个足以统御全境并必须拼死保卫的中心。

目前，更多的学者认为，城址产生的主要原因应是聚落群之间的紧张关系。赵辉教授的解读是，"危险首先出现在规模和城址相当乃至更大，且内部结构大致相同、却无城垣建筑的附近村落之间的可能性甚大，而未必从一开始就来自距离更远的集团。只是随着在一系列冲突中某个聚落，譬如平粮台或古城寨最终取得了在整个聚落群中的支配地位后，越来越多的紧张关系才逐渐转移到更大的群体之间来了。这似乎是目前资料所见有关中原早期国家形成的方式"[67]。

近看大邑王城岗

嵩山东、南麓集中出现的城邑，以颍河中上游的王城岗、瓦店最具代表性。一叶知秋，我们不妨先剖析一下这两座城邑。

位于颍河上游的王城岗遗址，最先发现的城垣建筑是遗址东北边缘的两座小型城堡[68]。两座小城东西并列，西城保存较好，面积不足1万平方米，东城大部分被河流冲毁。进入新世纪以来，又发现了面积超过30万平方米的大型城址，确认大城是在小城废毁后建成。大城城墙外有壕沟，城垣基本上圈围起了龙山时代的整个遗址[69]。据分析，小城之西城先是被作为仓窖区使用，后又改

王城岗城址与东周阳城

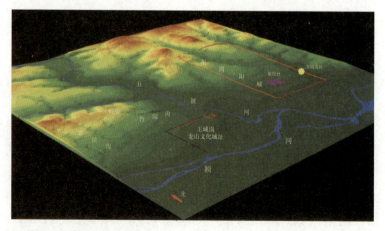

王城岗与阳城（西南–东北）

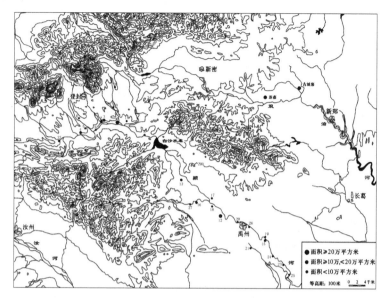

颍河中上游以王城岗和瓦店为中心的两个龙山文化晚期聚落群

建为大型夯土建筑区并修筑了城墙。但不久,随着大城的兴建,大型建筑区可能移到大城以内,小城西城又重新作为仓窖区使用,直到龙山文化最末期[70]。

除了大型夯土建筑的线索,王城岗的小城和大城内都发现了若干"奠基坑"。这些"奠基坑"系将废弃的灰坑用夯土填实,其间夹杂着完整的人骨架或残碎的骨骸,它们一般在大型夯土建筑的地基之下,显然与这些特殊建筑的奠基有关。

王城岗遗址还发现了一件青铜容器的残片,可能是铜鬶的腹底部。此外,还出土有琮等玉器、绿松石器和白陶器等特殊的手工业制品。这些仅见于大中型聚落的高等级器物,由于原料不易获得或制作技术复杂,其生产、流通和使用常为社会上层所垄断。

王城岗遗址所处的颍河上游的登封盆地,迄今已发现了12处与其同时期的遗址,构成一个小聚落群,大中小型聚落呈金字塔式分布,其中1万平方米以下的聚落占绝大多数。因此,规格较高的王城岗遗址属于一定区域内的中心聚落是没有问题的,问题在于它究竟是多大地域内的中心。

"王城"是怎样造出的

这一带历来是盛产传说的地方。由于附近发现了战国时代的阳城遗址,学界从王城岗小城堡一发现,就开始把它和"禹都阳城"或大禹之父"鲧作城"挂上了钩。

为符合这一历史推想,发掘者在报告中甚至更改了地名。一本文化游记中讲述了这样一段故事:

> 最早它的名字并不叫王城岗。1955年文物部门在这里调查发现是处古文化遗址时,称之为"告成八方遗址"。1977年中国历史博物馆与河南省博物馆组成联合考古队在这里发掘时,称之为"告成遗址"。1983年发现岗上有龙山文化时期的城址,并且认为这座城址很有可能就是禹都阳城时,便又把告成遗址改成了"王城岗遗址"。其实,当地群众原来是把这块

土岗俗称为"望城岗"的。所谓望城岗,是说站在岗上朝东北和东南方向望去,可以清楚地看到嵩山脚下的告成镇和古阳城,还没敢想得太远。[71]

发掘报告的作者推定王城岗城址即夏都阳城的理由之一是:"龙山文化中晚期城址所在地的'王城岗'及西北方'王岭尖'这两个地名,是当地群众久传下来的以'王'字命名的古老地名。从已发掘出来的王城岗龙山文化二期的城址范围看,正和群众传说的'王城岗'的大小相一致。所以,估计就是夏代阳城遗址大致不误"[72]。地名和遗址名的更改可以看作关于夏都传说的延续。

但"禹都阳城"说法一问世,就招来一片质疑声[73]。学界坊间传播甚广的一句笑谈是:王城岗,有人说是阳城,有人说是羊圈。这指的是王城岗小城的规模,仅大致相当于一座现代足球场,还没有二里头1号宫殿大。

30多万平方米的大城的发现,似乎又为"禹都阳城"说增加了证据。目前最新的解读是,王城岗小城有可能为"鲧作城",而大城才是"禹都阳城"[74]。考古与上古史探索就是这样经历着发现—推想,再发现—再推想的过程。

据发掘者模拟实验和估算的结果,如调动1000人以当时的生产工具完成王城岗城墙的修建,需要一年零两个月的时间。如果根据当地现代农村的经验,按照一个村落能够常年提供50~100个青壮年劳力计算,要一年完成这个工程,需要征集10~20个聚落的劳力。这与前述田野调查发现的登封地区龙山文化晚期聚落的数量

王城岗龙山城址远眺（由王岭尖南望）

基本符合。很可能王城岗城址的建设工程，是动员了以王城岗为中心的整个聚落群的力量来共同完成的[75]。

这说明，即便像王城岗这样面积达30余万平方米的大邑，其筑城工程也只需十几个聚落组成的小聚落集团即可完成。因此，认为这类城邑如不具有广大地域的社会动员能力则无以为之的推论，以及由此断定它们应属夏王朝都城的思路，都有重新审视的必要。

大洪水，传说还是史实

说到禹都阳城，相关的还有大禹治水，大家都知道它与夏王朝

汉画像石上的"大禹治水"图像
(山东嘉祥武梁祠)

的建立有关。自先秦至上个世纪之前,历代都把大禹治水视为历史上真实发生的重大事件。现代学者则多视之为神话传说。中国的大禹治水与西方的诺亚方舟,是世界上最著名的两个大洪水传说。无论如何,这是一个探索中国文明史所不能回避的问题。

在当代,除了文献学、考古学之外,人们开始从古气候学、地理学、地质学、环境考古甚至天文学等多个角度,多学科整合探讨这一问题。地球科学和环境考古研究表明,距今4200~4000年,北半球普遍发生了一次气候突变事件。而距今4000年前后世界许多地区的古代文明发展进程也发生了巨变[76]。一般认为,大禹治水也应是这一气候事件导致的历史事件中的一环。有学者认为距今4000年前后的九星地心会聚,引发了包括洪水在内的自然灾害,由此导致了黄河南北改道,改道又加剧了洪水泛滥。大禹治水就是在这样的地理背景下展开的[77]。

"洪泉极深，何以填之？地方九则，何以坟之？河海应龙，何尽何历？鲧何所营，禹何所成？"从战国时屈原的《天问》开始，人们就质疑以当时的知识水平和物质条件，是否真的能治理好洪水灾害。根据文献记载，鲧采用"堙障""壅防"法，即修筑堤坝围堵洪水，而大禹成功治理洪水的关键是采取"疏""导"的方法。但众所周知，黄河每年泥沙沉积的体量如此巨大，所造成的洪水灾害即便是现代科学技术手段也很难控制。无论是鲧的"堙障"还是禹的"疏""导"方法都不可能治理好洪水，因而有理由怀疑大禹治水的真实性。

环境考古学者最新的解释是，大禹之所以能够治水成功，可能主要得益于距今4000年以后的气候好转而并非人力之所为。一旦气候好转，气候带北移，季风降雨正常化，植被恢复。洪灾灾害自然随着气候的好转而好转。但限于当时的知识水平，先民们可能并不知道气候突变与洪水灾害之间的关系，他们将水患的平复归功于领导他们治水的大禹，自然比较合情合理。这可能就是鲧、禹治水传说背后的真实故事[78]。专家们认为他们的研究结果较好地解释了多数学者相信史前洪水的发生但却怀疑大禹能否治水成功之间的矛盾。

这个历史故事真的已被说"圆"了吗？大洪水事件可能是真实的，但又不能被很好地证实，这应是当代大部分学者的认识。由于受测年技术条件和气候重建上时间分辨率的限制，相关论证的说服力都嫌不足。考古年代学的局限性前面我们已谈了不少。距今4000年的未经树轮校正的碳素测年数据如经树轮校正，其年代可早至距今4400年以前，以前认为属距今4000年的遗存年代现在改订为距今3800年，那它对应的还是文献中的大禹治水、天文学上"夏初"那次九星会聚以及地理学上"夏初"那个阶段的黄河改道吗？对洪水遗迹的寻找，对洪水气候背景的重建等，恐怕都还任重道远。

大禹在哪儿治水？

前述这么多的"夏代"早期城邑集中于丘陵台地为主的中原腹地，大洪水的发生和大禹治水也在这一带吗？大部分学者是这么认为的。相传洛阳龙门石窟所在的伊阙，就是大禹凿通的。或言大禹所凿龙门，在陕西韩城和山西河津之间。

考古学家也不肯放弃类似的推测："（登封王城岗）城壕底部大体接近水平的设计和开挖，增加了人们对历史上夏禹治水的可信度"，"如果王城岗龙山文化晚期大城真的与禹都阳城有关，历史上大禹治水的传说将更为可信"[79]。

但著名古史学家徐旭生早已指出："如果详细考察我国的地形，各代河患的沿革，以及我中华民族发展的阶段，就可以明白洪水发生及大禹施工的地域，主要的是兖州。豫州的东部及徐州的一部分也可能有些小施工。此外北方的冀州，西方的雍、梁，中央豫州及南方荆州的西部，山岳绵亘，高原错互，全不会有洪水。""兖州当今日山东西部及河北东部的大平原，豫、徐平原当今日河南东部、山东南部及江苏、安徽的淮北部分。换句话说，洪水所指主要是黄

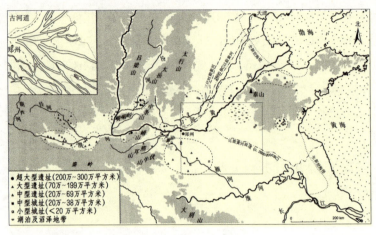

黄淮流域的河道变迁与龙山聚落群分布（刘莉 2007）

河下游及它的流域。淮水流域的一部分也可能包括在内，此外全无关系。"[80]

他注意到《禹贡》中关于洪水的记述："（在）总冒和总结中没有，各州条下全没有，只有兖州下有这几句话，这不是已经可以证明洪水只在兖州境内发生吗？"

其中的一句是"桑土既蚕，是降丘宅土"，说的是洪水平治后，原来宜桑的土地又可以养蚕，人民从高地下来，住到平地。考古学家注意到这一带有许多高出平地数米的堌堆遗址，与一马平川的自然地貌很不协调。经调查发掘究明其并非自然形成，而是先民在同水患的斗争中选地势稍高处靠人力堆筑而成，此即所谓"丘"[81]。

环境考古学家则指出，与黄淮平原形成对比的是，中原腹地的豫西晋南地区"山前黄土台地分布广泛，台地面宽阔倾斜，河流下切较深。当异常洪水来临时，上涨的洪水一般只能淹没台地的前缘或在台地上形成决口扇和漫洪河道，冲毁部分遗址，给史前人类的生存环境造成一定的威胁。但这里特定的地貌条件给先民们保留了较大的迂回空间，人们可以通过就地后退选择新的栖息地，从而使文化得以延续"[82]。

鉴于此，历史学家沈长云教授主张夏族的中心区域在古河水和济水之间，而禹都阳城应在河南濮阳。"质言之，禹所率领的夏后氏及其他夏族所居住的地域，必当在易于受到洪水侵袭的范围之内，他们之治水，不过是为了保护自身的利益而已。因而那些远在洪水发生地域之外的地方，自不应是我们考虑的'禹都'或禹所居处的范畴。"所以嵩山脚下的丘陵地区"不仅是禹都，夏族及夏王朝兴起的地方，都不会是在这里"[83]。这一观点虽非主流，却是值得重视的。

"王城"下游有大邑

再回到嵩山脚下。我们把视野放宽到整个颍河中上游，就会对王城岗这类中心聚落的定位有更清晰的认识。

颍河中上游谷地以海拔200米等高线为界，可以分为登封和禹州两个自然区域，河流落差在禹州地段急剧变缓。由上游的王城岗顺河而下就是地处中游的另一处大邑——禹州瓦店遗址[84]，二者的直线距离约37.6公里。

从两个聚落群所处的自然环境看，登封盆地地势局促，水流落差大，可耕地范围相对狭小，但丰富的动植物和石料资源都处于聚

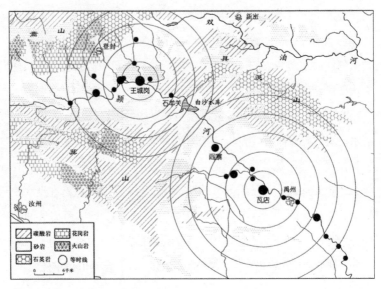

颍河中上游岩石资源与龙山晚期的开发

落群的可控范围内。而禹州境内河道宽阔，地形呈半开放状态，可耕地相对较多。但与登封聚落群相比，某些资源尤其是日用石器的石料资源获取需花费更多的时间和劳力，因此聚落群内外的交流都较密切，整个聚落群的发展趋于开放[85]。

以瓦店遗址为中心的禹州聚落群，目前共发现同时期的遗址14处，基本上沿河分布。中型聚落的规模较大，比例也高于以王城岗遗址为中心的登封聚落群。

研究表明，这一时期的登封聚落群与禹州聚落群的文化面貌存在差异。总体上看，登封聚落群基本不见外来文化因素，而禹州聚落群，除了本地的王湾三期文化因素之外，还掺杂了大量来自东方海岱龙山文化和南方石家河文化的因素[86]。有学者进而推断这些文化现象的渗入,很可能与人口迁徙有关,而不一定限于物品的远程交换。

大邑瓦店的气派

最新的考古收获表明,瓦店遗址所在的两个台地都有环壕连接颍河形成封闭的空间,面积分别在40万、50万平方米[87],整个遗址的总面积超过100万平方米。

瓦店遗址的文化内涵也颇令人瞩目。遗址西北台地有由数条围沟组成的回字形大型夯土建筑,每边约30米,建筑基址或沟内发现了数具用于奠基或祭祀的身首分离的人牲遗骸和动物骨骼。另有长方形和圆形夯土建筑,建筑基址的铺垫层中也发现了人头骨。发掘者推测应是与祭祀活动有关的遗迹。东南台地灰坑和一般房基较

瓦店出土的列觚,有学者推测为量器

多,出土了大量器物,两个台地可能存在着功能上的差别。

聚落中已用牛和羊的肩胛骨作为占卜用器,长大的卜骨上有不规则的烧灼痕。骨卜的习俗源于公元前3000多年前的西北地区,龙山时代分布于长城地带和华北地区,在其后的商代达于极盛,成为早期王朝的重要特质之一。中原龙山时代的中心聚落中出土卜骨的意义,由此可见一斑。

遗址还出土有以觚、壶、杯、盉、鬶为代表的精制磨光黑陶、蛋壳陶和白陶酒器,一般认为应属贵族用礼器。形制相近大小不同的一组磨光黑灰陶觚形器,被称为"列觚",学者们认为可能是测定容积的量器[88]。遗址上出土的玉器则有铲、璧和鸟形器等。玉鸟形器与长江中游石家河文化流行的"鹰首玉笄"相类,二者间应有交流关系。已发现的玉料中也有非本地出产者,或系由外地输入。

从年代学研究成果看,王城岗和瓦店两个聚落的兴盛期大体一致,已如前述。总体上看,瓦店遗址的"级别"似乎不在王城岗之下,至少二者在社会集团中是同一个重量级的,其相互对峙的可能性也不能排除。

禹州也是一处盛产关于夏传说的地方。尽管把"禹都阳翟"、禹之子"夏启有钧台之享"落实到禹州一带的说法,最早见于2000多年之后的东汉时期,但仍不妨碍人们把瓦店遗址与"禹都阳翟"等联系起来的历史复原热情。只是禹从王城岗的"阳城"迁到了30多公里外的瓦店"阳翟",真正建立起夏王朝的启也还在这一带盘桓,嵩山周围又是烽烟四起这么一个状况,已为考古发现所揭示。"各聚落群之间的相对独立性和相互抗衡性,以及各种迹象所体现出的暴力冲突现象的存在,似乎表明当时的嵩山南北尚没有形成一个统一的政治秩序，以规范和协调各部族之间的行为。"[89]

这也正是我们认为王朝诞生传说地并无王朝气象的缘由之所在。

方正城池的由来

作为中国人，我们可能对从二里头到明清紫禁城那方正严整的布局熟视无睹，但据说像中国这样在都邑设计上执着地追求方正规矩、中轴对称的古代文明，是整个世界范围内少见的现象。这种绝对理性的平面布局，不难让人感受到规划者对秩序的追求。

如果认为这种理念明确显现于二里头宫城，那么它的源头何在呢？

东亚地区的史前城址，最早出现于约公元前4000年的长江流域（湖南澧县城头山）。在随后的仰韶时代后期至龙山时代（约公元前3500～前1800年），被称为东亚"大两河流域"的黄河流域和长江流域的许多地区进入了一个发生着深刻社会变革的时期。作为社会复杂化的产物，城址也如雨后春笋，层出不穷。

从城垣建筑技术的角度看，黄河、长江流域星罗棋布的城址可以分为三大群。一是黄河中下游地区，以夯土版筑城垣为主（黄淮河下游版筑与堆筑兼有），有的辅之以护城壕；二是长江流域，其特点是以宽壕为主，垣壕并重，城垣堆筑而成；三是以黄河河套地区为主的北方地区，为石砌城垣，一般依山而建[90]。这三类城址，可分别称之为土城、水城和石城。

鸟瞰紫禁城。这种方正规矩、中轴对称的设计,不难让人感受到规划者对于秩序的追求

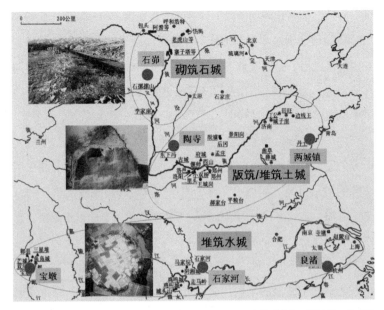

史前时代东亚城址的三大系统

总体上看，各地区的城垣建造都是因地制宜，是适应当地自然环境与社会环境的产物。如长江中下游多水乡泽国，宽大的壕沟和城垣显然具有行洪防涝的作用。而北方地区的石砌城址，则利用丘陵地带近山多石的条件，垒石成垣。这类城址自然多为圆形和不规则形。长江上游成都平原的城址也系堆筑而成，尽管也有形状略显方正者，但都是沿当地河流山势走向，以接近45°角者居多。

因此，追求方正的传统要在早期王朝所处的黄河流域来寻找。海岱地区史前城址堆筑与版筑技术互见，平面形状多近于规整。真正规矩方正、秉承夯土版筑技术的城址还是出自中原。中原地区最早的城址，是始建于公元前3300~前3200年的河南郑州西山遗址，时值仰韶文化晚期阶段。其平面不甚规则，略呈圆形。此后龙山时代的城址则基本上是（长）方形或接近（长）方形。"考虑到龙山时代之后，中原城址皆为矩形，而有明确边界的仰韶文化早期环壕聚落多为圆形，西山及以降几座史前城址的形制也许正好反映了中原聚落规划思想的转变。"[91]

方正的城圈，当然首先与平展的地势和直线版筑的工艺有关。但方向最大限度地接近正南北，追求中规中矩的布局，显然超出了防御的实用范畴，而似乎具有了表达宇宙观和显现政治秩序的意味。可知，影响古代中国建筑规划与社会政治思想的方正规矩、建中立极的理念，至少可以上溯到四千多年前的中原。而此后，方形几乎成为中国历史上城市建设规划上的一个根本思想和原则。

这类方正城池的早期代表，可以举淮阳平粮台和新密古城寨为例。

"贵族社区"平粮台

在所有已发现的方形城址中，淮阳平粮台是最规整的一个。这里距嵩山主峰已有200公里之遥，地势降至海拔40米左右。淮河支流颍河平原一马平川，斜向东南，城址就坐落在颍河北的一处低丘上。这样的地形有助于最大限度地按既定设想进行平面设计。

城址呈正方形，长宽各185米，方向接近正南北，城外有护城河。小城并不大，城内面积仅3万多平方米，墙宽10余米，残高

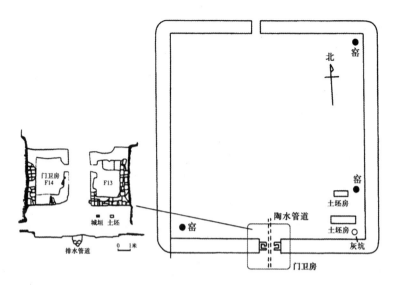

平粮台城址及其南门

还有3米多，保存状况相当不错[92]。如此方正讲究的城址在中国古代早期实在不多见。

更有意思的是南北城墙的中段各设有城门一座，两门的连接线基本上纵向中分城址，已颇有中轴线的味道。南、北门均较窄，南门门道宽仅1.7米，两侧有用土坯垒砌的门卫房，平时应有卫兵把守。高墙深垒，门禁森严，表明这是一处重要的场所。南门中间的路土下铺设有陶排水管道。这应该是迄今所知中国最早的公共排水设施。

城内发现10余所建筑，大多是用土坯垒砌的长方形连间式排房，其方向也基本上是正东西向。有的还建于夯土台基上，房内或有回廊，建筑形式显然不同于一般民居。与当时占主流的半地穴式

二 嵩山的动向

房屋相比，这样的建筑已相当壮观。考虑到这些房屋多集中分布于城址东南部而非中心，且建筑得十分讲究，估计城中也许还有更高规格的建筑[93]。城内还发现有陶窑，出土过铜炼渣以及埋葬有牛的祭祀遗迹，反映了一种层级较高的聚落生活。

鉴于此，美国加州大学洛杉矶分校的罗泰（Lothar von Falkenhausen）教授推测平粮台应是一处享有特权的地方，一处有意兴建的"门禁社区"，贵族阶层借此有意把自身及其活动从与大众的冲突中分离出来。他认为，平粮台围垣聚落的规模相对较小（约四个足球场大），供养着贵族阶层的大多数非贵族人口一定另有居处。青铜时代的城址周围分布着非贵族人口的聚落，平粮台的"郊区"是否也有类似的聚落，这个遗址周围更大区域的聚落形态如何迄今还不得而知，不过华北其他地区的聚落材料开始显示出多级的层级结构。平粮台和其他贵族活动中心似乎已经形成了一个网络，而这个网络后来扩展成为早期中国王朝的核心地区[94]。

一般认为淮阳一带就是《诗经·国风》中所描述的陈国宛丘。"子之汤兮，宛丘之上兮。洵有情兮，而无望兮。坎其击鼓，宛丘之下。无冬无夏，值其鹭羽。坎其击缶，宛丘之道。无冬无夏，值其鹭翿。"西周时代那里风景怡人，男女歌舞中回荡着凄婉的爱情故事。

龙山时代平粮台城址的发现，又使今人相信这里就是太昊伏羲之墟、炎帝神农之都的古宛丘，或有直呼该城为"羲皇故都"者。而平粮台城址方正的布局，也被认为正是由于太昊伏羲氏是先天八卦的创始人，强调围合、序列、有意义的方向以及左右对称等，实际上表达了八卦的理念：天人合一的和谐观。这类推想想当然的成分太多,或者干脆已进入当代意义上的"八卦"的范畴。

不可小瞧古城寨

嵩山东麓还有一处颇为方正的城址,那就是新密古城寨。不仅城垣方正,其中的内涵也很令人瞩目。

古城寨城址平面呈长方形,除了西城墙被河流冲毁外,其余三面城墙保存完好。考古学家偶尔也见过保存完好的城址,但没见过时代这么早还保存这么好的。好到什么程度呢,好到保存下来的城

古城寨夯土城墙断面,最高处距离地表 16 米多

古城寨平面图和卫星影像

墙最高处距现在的地表还有 16 米多高，相当于五层楼高！这也就难怪文物保护部门一直依当地的地方志，认为这座城是西周时期的一个小国——鄫国的都城。1986 年，河南省人民政府将其公布为省级文物保护单位——鄫国故城遗址。但经勘查发掘，城内外并无西周时期的文化堆积，看来，鄫国故城要到其他地方寻找了。

2001 年，国务院公布该城为第五批全国重点文物保护单位。名称：古城寨城址；时代：新石器时代。这要归功于考古工作者自 1997 年以来的重新勘查发掘。四千多年前的城垣能够保存这么好，则首先要归功于现代化城市化的脚步还没有到达这里，它侥幸躲过了"人定胜天"时代的平整土地和圈地拆迁的推土机。

除了作为断代标尺的陶片，这城墙的夯筑方法也显现出了它的原始性。被考古学家称为"小版筑法"的夯法，类似搭积木。在没有掌握外缘夹板的"大版筑法"之前，先民们用的是错缝垒砌的办法。说起来比较笨，但这是当时最先进的筑城法。用 1 米多见方、积木似的夯土版块向上垒，宽度就一定要大，逐层收缩，才能达到一定的高度。所以墙基的宽度可以达到 40 多米甚至更宽[95]。前面讲过古城寨的城址面积有 17 多万平方米，其实城内可使用的面积也就是 11 多万平方米。为什么？墙太宽。

南北两墙的中部偏西有相对的两个缺口，至今仍是居住于城内的村民出入的唯一通道，估计也是龙山时代当时的城门，东墙则一线贯通，不设城门。城外有护城河，引城西河水流入。城北和城东还有人居住活动，城内外是否有功能分区上的意义，居民是否有身份差别，都有待探究。整个遗址的面积近 30 万平方米。

城中部略偏东北，已发掘出一处大型夯土建筑基址。基址坐西朝东，南、北、东三面都有回廊，总面积应在2000平方米以上。其主殿的规模与二里头遗址1、2号基址的主殿相仿，达300余平方米。这是目前发现的最明确的二里头大型宫殿基址的"前身"。

城内出土的陶器大多形制规范，做工精细，还出现了施釉陶器，另外还发现有卜骨、玉环和刻符陶器等。城址内外曾发现有数量较多的厚胎陶缸片，一些残块内壁还有烧炼留下的深灰色层面，有的有明显的用后修补泥层。青铜器复制专家认为这应是"熔铜炉"残块，经过多次熔铜[96]。古城寨城邑熔铜手工业的存在，是今后需要继续探索的课题。

新郑一带有黄帝的传说，所以古城寨一发现就被对号入座为黄帝轩辕丘，说其有"风马牛"之嫌也不为过。业内人士知道其仅早于新砦和二里头，故推定为与王城岗、瓦店、新砦一道，属于"进入夏纪年的夏代早期重要城址之一"[97]。

这城用了没多久即告废毁，离此仅7.5公里之遥的新砦大邑兴盛起来。只从现新密市东南部挪窝到相邻的乡镇，即便这些都是夏国的都邑，这夏国也未免太局促了些。但新砦的确有了新气象，这是后面要谈及的。

暴力：现象与动因

上述城址的忽兴忽废，一般被解读为当时各聚落群背后的集团之间存在军事冲突。城址的存在时间都很短，与山东、长江中下游

王城岗城址内埋有
人骨的奠基坑

史前城址多长期沿用的状况有很大的不同。不少学者认为这种现象的存在反映了各集团之间矛盾的激化和战争的频繁，表明这一时期社会处于急剧的动荡状态。

在登封王城岗西城不足1万平方米的小城内，曾发现埋有人骨的奠基坑13座，坑内人数不一。一个奠基坑的夯土层内有7具完整的人骨架，显然系非正常死亡。有的坑中则埋有被肢解下来的人头骨、肢骨或盆骨。这些死者中既有成年男女，又有儿童，很可能是在集团冲突中掳掠来的战俘[98]。

洛阳矬李、王湾、孟津小潘沟、汝州煤山等遗址中则发现有所谓的"乱葬坑"或"灰坑墓"[99]。如煤山遗址一座墓坑内有两具成年男性骨架，作十字交叉叠放在一起。孟津小潘沟一座墓内人骨架腹部以上骨骸全无，断茬处也很规整，可能系腰斩致死。另两座墓一名死者两肩紧缩，两手交叉于腹部，两脚交叉，另一死者侧身屈肢,两手举于头部两侧,很可能都是被活埋致死的。这些非正常埋葬的现象也常见于同时代的其他遗址中。

此外,各地龙山时代晚期遗址中出土箭镞的比例也高于此前的任何一个时期,这从另一个侧面反映了暴力冲突的加剧。

尽管和平相处一直是人类怀有的美好愿望,但纵观世界文明史,以战争为主的暴力杀戮反而层出不穷。为什么?恩格斯在《家庭、私有制和国家的起源》中有直接的论断,这是因为人的贪欲:

> 鄙俗的贪欲是文明时代从它存在的第一日起直至今日的起推动作用的灵魂;财富,财富,第三还是财富——不是社会的财富,而是这个微不足道的单个的个人的财富,这就是文明时代唯一的、具有决定意义的目的。[100]

中国社科院邵望平研究员一直认可"贪欲是文明社会形成的动力"的观点。她指出:贪欲使社会分裂,走向野蛮,最终面临全社会同归于尽的危险。社会发展只有动力不行,正如汽车,有发动机还要有方向盘和刹车,否则车毁人亡。而王权、国家就是贪欲的制衡器。"国家是文明社会的概括"(恩格斯语),国家出现的进步意义在于,当氏族制度驾驭不了日益强大的野蛮、贪欲这一动力时,社会呼唤一个最硬的拳头,使社会得以有轴心地正常运转,走向秩序。国家应运而生[101]。

在中原,各个社会集团因贪欲而导致的争斗与动荡,最终也以一个"最硬的拳头"的出现而接近尾声。

三 新砦的发轫

新砦的分量

考古圈外的朋友大概还不太熟悉"新砦"这个词,至少它的知名度还不似"龙山"或"二里头"那么高。和二里头一样,它原来也是中原大地上一个普普通通的小村庄的名字,细心的读者还会记得在前文的中原地区龙山城址列表中有它的名字。但它的重要性还远不止是龙山时代的一处城邑。那么,它重要在哪儿呢?

首先是它的时代。初兴于龙山时代末期,兴盛于所谓的"新砦期",这两个阶段供参考的绝对年代分别是公元前2050~前1900年,公元前1850~前1750年[102]。

前文已提及,在群雄竞起的龙山时代末期,曾经光灿一时的各区域文化先后走向衰败或停滞,与其后高度繁荣的二里头文化形成了较为强烈的反差。我们称其为中国早期文明"连续"发展过程中的"断裂"现象[103]。我们注意到,这一"断裂"现象在嵩山周围虽也存在,但不甚明显,二里头文化恰恰是在这一地区孕育发展,最后以全新的面貌横空出世,成为中国历史上最早出现的核心文化的。身处这一演进过程中的新砦大邑及以其为代表的"新砦类遗存",以及它们背后的新砦集团(我们暂时还不知道它的具体"番号",当然不少学者认为应是早期夏文化),无疑是解开二里头文化崛起之谜的一把钥匙。

新砦大邑走向兴盛时,其他龙山城邑已经衰落甚至废弃,它全

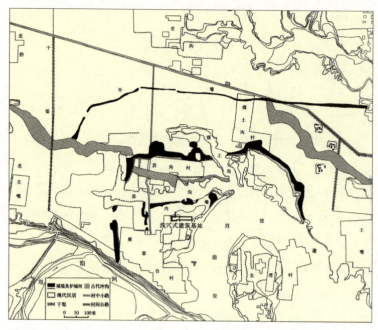

新砦大邑，壕沟与河道圈围起上百万平方米的聚落空间

盛时其他龙山城邑中心聚落已全部退出历史舞台。逐鹿之群雄一蹶不振，新砦集团开始傲视中原。一个送走风云激荡的龙山时代并孕育着此后辉煌的二里头时代的存在，其意义当然非同小可。

其次，其地位之重要还在于这一大邑的规格和内涵。70万平方米的设防聚落规模，在龙山时代末期的中原腹地独一无二。大概到了"新砦期"，三面临河的、半岛状的聚落北缘又有人工开挖的壕沟连通河流和自然冲沟，形成面积达100万平方米的封闭空间。外壕内有中壕（内侧城墙的有无尚无法遽断），中壕内地势较高的西南部又有内壕，圈围起约6万平方米的封闭空间，应是聚落的中心区。这一区域分布有大型建筑,发现了包括铜容器残片在内的重要遗物,令人瞩目。这些在后面还要展开分析。

我们把与新砦遗址"新砦期"遗存相类的一群遗存称为"新砦类遗存"。这类遗存空间分布范围并不大,一般认为主要分布于嵩山周围尤其是东南部地区。其周围,还是龙山文化的汪洋大海。这样一个"异质斑块",却是处于整个东亚大陆文化发展低潮期的中原文明,接续既有文化传统和生发新的文明因素的重要纽带。

与此同时,历史的疑团让我们看新砦犹如雾里看花。从新砦进入考古学家视野的那一天,围绕着它的争议就没有停息过。

众说纷纭话新砦

那么,"新砦类遗存"究竟是怎样一个存在呢?如果放到此前的新石器时代研究中,这根本不是个问题。在考古学既有的话语系统里,它可以顺理成章地被称作"文化"或"类型",但研究对象处于社会复杂化阶段和剧烈的转型期,对"新砦类遗存"的定性都成了问题。

首先,它的时间跨度并不长,充其量约一百年,也许还要短。至于相对年代,就连它绝对早于二里头还是在偏晚阶段与初兴的二里头共存过一段时间,学者们也还有不同的看法。它的分布范围也并不大,按新砦遗址发掘主持人赵春青博士的说法,"新砦类遗存"的分布以嵩山为中心,集中见于今郑州地区,似乎北不过

发掘中的新砦遗址

黄河,南不过禹州[104]。当然,对外影响的范围更广些,含新砦因素的遗存至少在郑州地区、洛阳盆地、伊河流域、颍河中上游和沙、汝河流域都有发现[105]。

其次,它的文化特征虽有一定的个性,但更让人感觉是龙山因素、二里头因素以及形形色色或多或少的外来因素的"杂拌"。有学者认为它是龙山余绪,有的认为它是二里头的前身,有的则断然否认其与二里头的关联性。有的学者强调这类遗存在中原地域社会巨变中的整合作用:"所谓的新砦期遗存正是煤山文化与王湾三期文化二者大规模整合阶段的遗存。"[106] 有的学者注重这类遗存的外来色彩,认为其"主要是在继承本地王湾三期文化(即龙山文化晚期遗存)的基础上,大量吸收了泛东方文化系统的因素和部分泛西北文化系统和南方文化系统的因素而发展起来的"[107]。有的则指出"正是来自（东方文化系统的）造律台和后冈二期的传统文化因素，才引起了新砦期在王湾三期文化基础上的兴起"[108]。

这样一个很"别扭"的存在，显然已超出我们既往的认知框架。因此有学者把它称为"新砦期"文化或"新砦类型（亚型）"，让它从属于或不从属于二里头文化，只表示一个期别。但期别在考古学话语系统中具有"普世"的意义，而这类遗存又只见于嵩山一端。有学者尽可能用碳素测年上下限的极限数据，把这一"期"拉长为150～200年，或者将其与文化面貌相近的二里头文化第一期遗存合并，使它看上去更像个"文化"，称为"新砦文化"。有的干脆不认可其为一个独立的存在，将其划归龙山文化末期或二里头文化第一期[109]。最新的提法是"新砦现象"[110]，认为这类遗存虽然"体现了龙山文化晚期与二里头文化早期之间的过渡特征"，但仅为一种昙花一现的"现象"。

困惑与收获

著名考古学家、加拿大麦基尔大学教授布鲁斯·炊格尔（Bruce Trigger，又译为特里格）指出："考古学文化的概念看起来最适合于对小规模的、同族的和相当固定的集团的遗存的研究。"而"在复杂的文化里，社会的和经济的差异在社区之内和社区之间产生了不均匀性"，因而考古学文化的概念在观察这样的社会时就显得力不从心[111]。

的确，处于社会复杂化、社会大动荡、大分化、大改组时代的旋涡之中，处于二里头集团崛起"前夜"的"新砦类遗存"的样态，对于考古学既有的研究思路和模式是一个巨大的挑战。"新砦现象"的提出，可以认为是超越既往话语系统的有益尝试。但稍加分析，又感觉"新砦现象"的提法也有可商之处。

与史前考古学文化的均质性不同，社会复杂化阶段的共同体中，中心聚落或都邑包含着上、中、下层文化及复杂的外来文化因素，次级中心聚落中包含着中、下层文化，普通聚落则仅有下层文化。变化最剧烈、最与时俱进的是上层文化，下层文化则不同程度地表现出滞后性。这似乎可以称为聚落的异质性，它构成了社会复杂化阶段考古学遗存的一大特质。

在龙山时代向二里头时代转化的过程中，"一些遗址较多延续了本地龙山文化的传统，另外一些遗址则更多接受了外来文化中的上层因素，从而发生了独特的'新砦现象'"。"其独特性既在于外来文化所导致的社会上层的变化方面，也在于这种现象的发生仅局限在单个的遗址上"[112]。显然，这里是把中心聚落或都邑的社会上层遗存单独抽出来作为衡量一类文化遗存的标尺，它当然也就把大量的下层遗存排除在外，这类复杂化的特征也就成了仅发生在个别中心性遗址上的"现象"。但社会复杂化阶段的人类共同体上下层相依共生，可以把社会上层遗存（及其所在的中心聚落）单独从共同体中抽出吗？随之而来的一个问题是，对内涵如此复杂的文化遗存作界定和聚类分析的标准是什么？是以贵族遗存还是以民间遗存为基准，抑或兼顾二者？

这些都是剪不断理还乱的事。面对复杂的研究对象，我们的思维也不得不随之复杂化。

无论如何,关于"新砦类遗存"学术界还是取得了不少共识。它们包括:嵩山南北两大集团整合了,外来因素进来了,文化进一步杂交了,新砦开始独大了,"最早的中国"呼之欲出了。如果说二里头是"最早的中国"——东亚大陆最早出现的核心文化和广域王权国家[113],那么新砦显然已是曙光初现。

其实,这些共识的取得已经很可喜了。纵观整个中国历史,在大时代来临前的酝酿期,总是充满着动荡、阵痛和不确定。考古学家做的工作更像是在猜谜、破案,能从残缺的遗墟中梳理出这样的信息,已相当难得。说句略嫌悲观的话,我们永远也不可能获知当时的真相,但仍怀着最大限度迫近真相的执着。

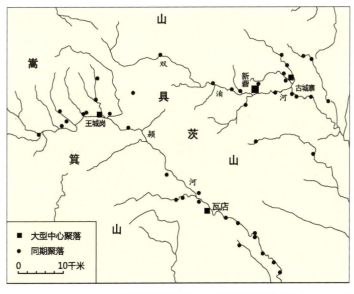

龙山时代末期嵩山东南麓的聚落形势(李宏飞 2011)

由于新砦是个太特别、太重要的存在,所以我们先花了些笔墨"宏观"了一下它的时空与历史定位。看不懂的还有微观的考古现象,还得"抓大放小"地加以剖析。

从围垣到环壕

在中国历史上,城址林立的时代一般也是群雄竞起、战乱频仍的时代,如龙山时代和春秋战国时代。而大凡存在有国势较强的广域王权国家或帝国、社会相对稳定的时代,设防都城的比例也相对减少,如夏商西周三代和秦汉时代[114]。可以说,新砦大型设防聚落的出现,给数百年来中原地区城邑林立的争斗史画上了一个句号。新砦是战乱状态的终结者。

比较一下新砦与既往龙山城邑的聚落形态,差异立现。首先,在大河以南的中原腹地,100万平方米的大型聚落还是首次登场。其次,它抛却了方正的城垣规制,而以并不规则的壕沟连通自然河道、冲沟形成防御体系。这种传统的中断是迫于政治军事形势,还是因人群的更替而显现出更质朴务实的思想,抑或折射的是由"大同"向"小康"过渡的社会结构转换的进程[115],引人遐思。

无独有偶,"新砦类遗存"的另一处重要聚落巩义市花地嘴,也有内外两重(四条)环壕,与伊洛河及其支流共同构成防御体系[116]。这类多重防御设施划分出的多重空间,一般被解读为"同一聚落内不同安全等级的空间区域",居住在不同区域的"社

新砦大型浅穴式建筑鸟瞰

会成员很可能分别具有不同的社会等级地位，聚落内部的分化较为明显"，当然也有可能"不同壕沟之间为聚落不同性质的功能区划"[117]。

前已述及新砦大邑的主要防御设施是壕沟。其中中壕内缘的若干处地点还发现了宽10米左右的带状夯土遗存，发掘者推定为城墙[118]。但从夯土全部位于沟内，远远低于当时的地面，夯层多向外倾斜的情况看，这应是为防止壕沟壁坍塌所实施的加固处理措施[119]。迄今为止，还没有证据表明新砦遗址有高出地面的城墙存在。就现有的材料看，当时的新砦遗址应是一处大型环壕聚落。

内壕以内发现的所谓"大型建筑"，实际上是一处长条形的浅穴式露天活动场所，活动面低于当时的地面，发掘者直呼其为"浅坑"。这个大浅坑近东西向，现存长度近百米，宽十余米。浅坑内垫土和踩踏面呈"千层饼"状，只是在南北两壁上发现有加固修整

三 新砦的发轫

的迹象。"大型建筑"的南侧地面上发现有整猪骨架和埋有兽骨的灰坑,此外还有若干柱洞,或与附属建筑有关。

类似的浅穴式遗迹在二里头遗址宫殿区以北的祭祀遗存区也曾有发现,只是规模没有这么大。两处遗址的发掘者都推测这类建筑很可能就是《礼记》《尚书》等书中所载"墠"或"坎"之类的祭祀活动场所。[120]

新砦聚落的发掘与研究还刚刚起步,像古城寨和二里头那样高出地面、显现政治威势的大型宫室类夯土建筑尚未发现,已揭露的新砦浅穴式建筑并不是这一系统中的链条之一,不属同类项。因此,认为其"面积比二里头遗址1号宫殿的殿堂还要大,很可能是一座宗庙建筑",并据此推测"新砦城址很可能就是夏启之居所在地"的观点[121],还缺乏考古学材料的支持。而"新砦期"的大冲沟"不禁使人联想到传说中大禹治水的历史背景"[122]的推想,恐怕也还限于联想的层面。

坚信会有更多的信息在今后新砦的田野工作中面世,不断满足人们揭秘的欲求。

铜礼器的讯息

第一部分"陶寺的兴衰"已介绍过陶寺铜铃,它是迄今所知年代最早的完整的复合范铜器。它的出现,说明中原地区在龙山时代已掌握了复合范铸造工艺,为青铜礼器群的问世准备了技术条件。

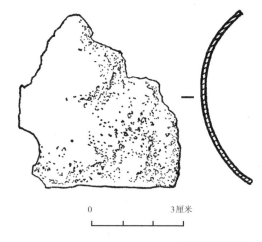

王城岗铜器残片

王城岗铜片出土情况

三 新砦的发轫

数年前，陶寺又发现了一片含砷的铜容器（盆？）残片，表明此时陶寺都邑已经使用铜容器。这件铜器并非大墓的随葬品，是否属礼器尚难遽断。即便其属于礼器，也与后来三代王朝以酒器为主的青铜礼器群没有承袭关系。

大河之南的嵩山一带则陆续发现了铜礼器的蛛丝马迹。

1980年，在王城岗遗址小城之西城内的灰坑中发现了一片青铜器残片。该灰坑的时代属王城岗龙山文化晚期（第四期），绝对年代为公元前2050~前1994年[123]，此时的王城岗小城和大城均已废弃。铜片不大，只有5、6厘米见方。薄壁，略呈圆弧状，下部有转折。发掘者比照王城岗出土龙山文化陶鬶的形制，推测应为铜鬶的腹与袋状足的残片。经冶金史专家分析检测，可知该铜片系由锡铅青铜铸造而成[124]。

龙山时代能够铸造出铜容器，还是超出了当时学界的认知范围。随后即有学者对王城岗铜容器残片的出土层位和时代，以及龙山时代是否能铸造出较为复杂的袋足铜器提出质疑[125]。在此后很长一段时间里，考古学家也没有再发掘到龙山时代的铜容器，哪怕是残片。但多数学者认为，王城岗出土铜器残片是中原地区迄今发现最早的用复合范法铸造的容器之一。北京大学朱凤瀚教授评价道："它不可能是青铜铸造业刚刚产生时期的制品，而是青铜铸造业经过了一段长时间的发展后，趋于成熟的标志。"[126]

直到二十年后的2000年，新砦遗址又有了新的发现。在内壕以内的"新砦期"地层中，发现了一件残长8厘米多、形似镰刀的铜片。笔者有幸在这件铜器出土后不久即在新砦观摩过。第一眼的印象就是，这显然是鬶或盉类酒器的流部（倾酒的槽或管）残片。

经分析测试，这件铜器系红铜铸造而成[127]。

这样，依据当前的年代学认识，试排列东亚地区最早的几件复合范铜铸件的年代如下：

陶寺中期砷铜容器（盆？）残片——公元前2100~前2000年；

陶寺晚期红铜铃——公元前2000~前1900年；

王城岗龙山后期锡铅青铜容器（鬹？）——公元前2050~前1994年；

新砦铜器残片，显然是鬹或盉类酒器的流部

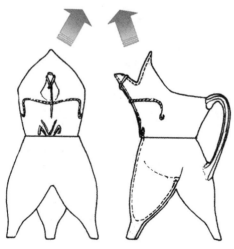

新砦出土陶盉

三 新砦的发轫

新砦"新砦期"红铜容器（鬶、盉？）——公元前1850~前1750年。

众所周知，目前所知中国境内发现的最早的青铜器，是甘肃东乡林家马家窑文化遗址出土的铜刀，年代约公元前3000年。此后的铜制品多为器形简单的小件工具和装饰品等生活用具，锻、铸均有，红铜、黄铜、砷铜和锡铅青铜互见，而不见容器和兵器。制造工艺处于初级阶段，尚未熟练掌握合金比例，不懂得复合范铸造技术。

如果把这个阶段称为"铜石并用时代"[128]的话，那么我们从陶寺、王城岗和新砦的上述发现中，显然已看到了中国青铜时代的曙光。

古书中"挖"出铜鬶

如果看前文排列的几件重要铜器的年代，感觉陶寺在复合范技术的掌握上似乎略早一步，我们也曾谈及陶寺所在的山西历来是中原与北方交流的重要孔道，不排除高超的铸铜技术来自西北方的可能。但一则来自古书的信息，又把我们探寻铜礼器来源的目光引向了中原东方的海岱地区。

话说清朝乾隆年间，乾隆敕令编撰宫廷所藏铜器图录，最大的一部叫《西清古鉴》。限于当时鉴别水平较低，在所收一千多件铜器中，不乏伪器赝品，但这部图录仍有其保存国故和两宋之后复兴青铜器研究的重要意义。何况经世事沧桑,这些东西大部分去向不明,器物的线图和说明性文字就成了相关研究的重要线索。

其中著录了一件在当时人看来稀奇古怪、独一无二的铜器,这件器物被图录的编撰者定名为"匜"。稍懂文物的人都知道匜特指盥洗时舀水用的器具,形状像瓢,与这件有三个乳状足的器物完全不搭界。器物上还有两字铭文,被释为"子孙",年代断为"周",所以件器物被称为"周子孙匜"(《西清古鉴》卷三十二)。此后,著名收藏家、古文字学家容庚论证此器为商代器物,系真品。罗振玉、郭沫若、闻一多、贝塚茂树等不少学者还对铭文提出了各自的解释。

到了当代,考古学家一看到它,就跟见了老熟人似的,顿生亲切之感。那上仰的流,那绳索状的把手,那肥大的袋足,甚至只见于袋足上的那两周弦纹,都像极了海岱地区龙山文化的陶鬶[129]!

陶鬶,作为最具海岱地区大汶口—龙山文化(东夷集团或其前身)特色的典型器,曾向四外传播,在东亚大陆东起海滨,西至关中,北自辽东,南达岭南的数百处遗址上都有发现。追根寻源,公元前3500年以前的大汶口文化应是它的祖源[130]。后来三代青铜酒礼器的若干器形,都与其有着或远或近的关联。中原腹地一带龙山时代的王湾三期文化中,也有陶鬶的身影,它们既脱胎于海岱地区的原型,又具有当地的特点。比较而言,《西清古鉴》上铜鬶的形制,更近于海岱龙山文化的陶鬶。因此,邵望平研究员推论道:"所谓'周子孙匜'者,实则是山东的龙山文化中一类陶鬶的铜质仿制品。铜鬶、陶鬶很可能是同时代的产物。即使铜鬶时代稍晚,亦不致相差数个世纪。"[131] 这是颇有道理的。

三 新砦的发轫

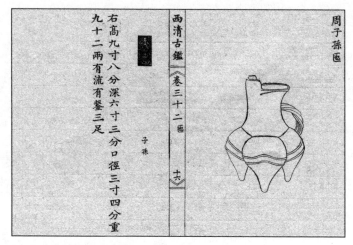

《西清古鉴》中收录的"周子孙匜"

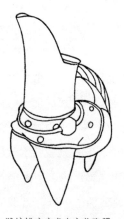

潍坊姚官庄龙山文化陶鬶

临朐西朱封龙山文化陶鬶

在中原周边地区的诸考古学文化中，黄河下游地区的大汶口—龙山文化系统在文化和社会发展上与中原文化并驾齐驱，某些方面甚至超过中原同期文化的发展水平。自仰韶文化晚期阶段以来，它的许多文化因素为中原系统的文化所吸收。不少学者都列举过该区系在物质文化、精神文化方面可能给予中原夏、商文化以影响的诸多因素，这是其他中原周边地区的考古学文化甚至前述的陶寺文化所无法企及的。从这个意义上讲，这一系统的文化最终融入了中原王朝文明之中，其自身也成为中原王朝文明的重要缔造者之一[132]。

问题是，大汶口—山东龙山文化究竟是在什么样的历史背景下，又是以怎样的方式参与到创建中原王朝文明的过程中来的。至少到今天，我们还无法对此做出圆满的解答。出土于中原腹地，和可能出自海岱地区最早的铜礼器的讯息，或许就是这一历史疑案的冰山一角。

龙形象，权贵的秘符？

前已述及，新砦与二里头在民间日用陶器层面上的异同，众说纷纭，这里存而不论。但信仰和意识形态方面的关联，显然是有迹可循的。

1999年，在后来确认属内壕以内的台地发掘中，出土了一块"新砦期"的陶器盖残片。在打磨光滑的黑色器表上，以阴线刻出兽面纹样。兽面面额近圆角方形，蒜头鼻，两组平行线将长条形鼻

二里头绿松石龙形器

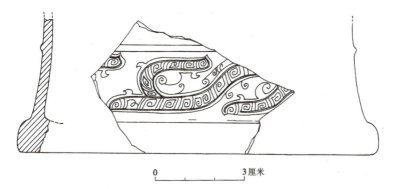

新砦陶器圈足上的龙纹

二里头绿松石龙形器面部

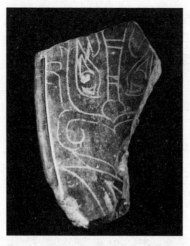

新砦陶器盖上的龙纹

梁分割为三部分，梭形纵目，弯月眉，两腮外似有鬃。刻制技法娴熟，线条流畅。发掘者直呼该兽面纹为饕餮纹，并论证其具有明显的东夷文化色彩，其造型应含有虎的因素[133]。

饕餮，一种想象中的神秘怪兽，传为东海龙王的第五子。因《吕氏春秋》有"周鼎著饕餮"之说，宋代人开始将商周青铜器上图案化的兽面纹称为饕餮纹。细究起来，这"饕餮纹"有人说像龙像虎，有人说像牛像羊，也有人说像鹿，或者像鸟、凤，甚至像人，或者你看像什么脸就像什么脸，反正是人想象的产物。当代学者意识到"饕餮"的模糊性，故大多放弃饕餮纹的称呼，代之以相对平实客观的"兽面纹"。

与前述兽面纹器盖出土地点相隔不远处的一条沟内，还出土了一块器物圈足部分的残片。其特殊之处在于装饰有一周线条优美的连续图案，虽因过于残破而不辨首尾，但无疑表现的是动态的龙纹。发掘者称其为夒龙纹[134]。依许慎的《说文》，夒这种奇异动物

"如龙，一足"。而陶片上的龙似乎无足，青铜器上的所谓"夔龙纹"也不一定都为一足。所以"夔龙纹"的用法也和"饕餮纹"一样，都因取自文献而具有不确定性。

无论如何，这块陶片上表现的是龙，中国古代最著名的神异动物。回过头来看，陶器盖上的兽面纹，与二里头遗址贵族墓出土的绿松石龙形器的面部惊人地相似[135]！龙既然是人们糅合两种以上的动物创造而成的灵物形象，而它又变化多端，历代对其形象并无严格的界定与区分，那将它们统称为"龙"亦无不可。

国人大都喜欢龙，但从考古发现和历史记载上看，龙形象几乎从其诞生之日起，就基本上与普罗大众无缘，而是被权贵阶层所独占。由新砦和二里头的龙形象，似乎可以窥见两大集团权贵间亲缘关系的基因密码。

墨玉璋的来龙去脉

前文提到过巩义市花地嘴遗址，这是"新砦类遗存"在嵩山以北的一处重要聚落，坐落于伊洛河与黄河交汇处附近的洛汭地区。面积约30万平方米的遗址上有内外两重（四条）环壕。

其中数座圆形深坑内有明显的踩踏面，出土了大量完整陶器，还见有玉器、卜骨、农作物和家畜遗骸等。发掘者推测应为祭祀坑[136]。玉器的种类有钺、铲、璋和琮等。最令人瞩目的是

三 新砦的发轫　103

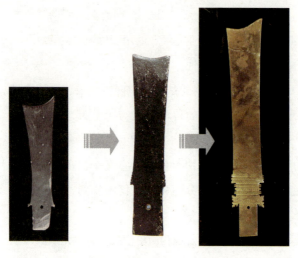

海岱龙山玉璋—新砦墨玉璋—二里头玉石璋

一件完整的墨玉璋。玉璋出土时首端向上，略向西南倾斜，其北侧有一人骨架。坑内数层填土褐、白相间，显然系有意而为。

这件玉璋黑色而略泛绿，表面打磨光滑，通高30厘米。要探究它的身世与意义，我们还得对这类器物的发现情况有个大致的了解。

被称为璋（或牙璋）的这类玉器，由器身、柄部以及二者之间的阑组成，器身前端一般有微斜而内凹的刃。学界大多认为它是铲（或耜）形松土工具的仿制品，属于祭祀用器。值得注意的是，在嵩山周围、洛阳盆地一带的中原腹地，整个龙山时代并无使用大型玉器的传统。其后的二里头都邑则出现了成组的大型玉礼器，二者形成了鲜明的对比。而花地嘴的这件玉璋，是中原腹地目前发现时代最早的璋，显然是中原地区大型玉礼器群的"前锋"。

这类器物最早见于大汶口文化末期至山东龙山文化早期的海岱地区。在二里头文化出现前夜的龙山时代，起源于海岱地区龙山文化的数种大型有刃玉器如璋、斧、刀等向西传播，直至黄河上游。进入二里头时代，玉璋又从中原地区向长江中上游，甚至岭南一带扩散[137]。

始见于龙山时代、持续兴盛至二里头时代的玉璋，形制及其流变非常复杂，但如抓大放小，可以把它们大体上分为两类。一类长度为25～30厘米，一般器形简单、无纹饰，有对称的一对扉齿（或称单阑、单凸式）或扉齿低矮，始见于龙山时代，或可称为龙山式；一类长度可达50厘米左右，器形和纹饰趋于复杂，一般有多组扉齿呈张嘴兽头状，刻有细线纹（平行线纹和网格纹），始见于二里头文化晚期，或可称为二里头式。香港中文大学的邓聪教授直呼其为"龙牙璋"[138]。

花地嘴牙璋已有多组扉齿但尚未呈兽首状，形制特征显然介于龙山式和二里头式之间。从这件牙璋上，也可以窥见"新砦类遗存"及其背后集团动向的蛛丝马迹。已有学者指出"花地嘴玉璋的这些风格有可能渊源自东方"[139]。

与前述几处中心聚落遗址一样，花地嘴遗址也有了较明确的历史定位。发掘者鉴于《史记·夏本纪》等文献中都有与'五子之歌'这一夏代早期历史事件有关的记载"，倾向于"将位于洛汭地区的花地嘴遗址'新砦期'遗存与之联系"[140]。这指的是《史记·夏本纪》中"帝太康失国，昆弟五人，须于洛汭，作《五子之歌》"一说。其实，早有学者指出所谓"太康昆弟五人"云云，不过是《左传》《国语》提到的作为夏后氏同姓的"观扈""五观"的演化，先秦文献没有言及太康居于洛汭一带者[141]。"有血有肉"的《五子之歌》，则始见于东晋人梅赜所献《伪古文尚书》。

那年月，有国家吗？

大话"嵩山的动向"，讲了群雄逐鹿的故事，自忖总得有点总结性的话吧。想想，不知道的比知道的要多得多。最想写的，居然还是个问句：那个风云激荡的年代，有国家吗？

这应当是个最基本的问题，但却是充满争议，无法给出确切答案的问题。

作为考古人，我们无法像社会学家和文化人类学家那样，能幸运地深入到活生生的人群中去，观察有血有肉的人们的日常生活，直观了解他们的社会。我们只能通过古人留下的"文化"遗存，来探究他们的存在方式。他们"文明"了吗？他们生活在"国家"社会吗？

这又引出另外的问题：什么是"文明"？什么是"国家"？我们的研究对象虽然是"形而下"的，但却避不开这些"形而上"的问题。你不甘做一个发掘匠，就得去思考这些形而上的问题，成不了思想家也得是个思想者吧。

但是，在没留下文字，死无对证的情况下，但凡头脑清醒些的学者，都知道"对号入座"贴标签的危险性。说有些研究结论就是在猜谜，属于无从验证的假说，毫不为过。意识到自身研究结论的相对性，本属常识却并非易事，把研究结论当成信仰来坚守的学者也不罕见，尤其在我国。

大家可能已注意到，笔者在第一部分"陶寺的兴衰"中把陶寺称为"国"，倾向于它已是东亚大陆众多最早的国家之一。而其后的二里头国家，则较其又上了一个台阶，我们称之为"广域王权国家"，中国最早的王朝也只是到了那时才出现。这仅是一种看法、一种解读。

有学者把龙山时代或稍早的阶段称为"古国时代"或"邦国时代"，认为那时已产生了国家。但也有学者认为文献中的"禹会诸侯于涂山，执玉帛者万国"(《左传·哀公七年》)的"国"，其实就是一个个小的族邦，大体上相当于人类学上的所谓"酋邦"，还没有进入国家阶段。持这种观点的学者，当然认为二里头才是中国历史上最早出现的国家[142]。由于研究对象天然的稀缺不足和残损不全，加之学者在相关理论的建构和认知，以及研究方法上没有也不可能取得共识，可以预见争论还会持续下去。

话说回来，越来越多的学者也意识到，穿靴戴帽式的概念界定并不是最重要的。其实，东亚大陆社会复杂化、文明化、城市化、国家化的进程，在一代代学人的努力下，正逐步清晰起来，已是足以令人欣慰的事了。

2005年，著名考古学家、英国剑桥大学的科林·伦福儒(Colin Renfrew)教授应邀在北京做学术演讲。在交流互动中，他也被问及对中国早期国家形成问题的看法。他的回答很有意思：在做中南美考古的学者眼里，龙山时代的那些共同体应当就是国家了，因为他们发掘出的"国家"就那么大甚至还没那么大；但你如果问从事埃及或美索不达米亚考古的学者，他会觉得只有像殷墟那样的社会才是国家，至少应是二里头那样的规格吧。每个人的看法，取决于他的经验、学术背景和立场。

这样的解释你可能不满意，但历史和人们对历史的认识，就是这么一码事。

逐鹿何以在中原

"逐鹿中原"一词的含义，已知最早的出处是《史记·淮阴侯列传》"秦失其鹿，天下共逐之"，说的是距今两千多年前秦汉之际的事。后来成为争夺天下的代名词。"得中原者得天下"的概念，也不知起于何时，但以中原为中心的历史趋势，至少可以上溯至距今5000年以前[143]。而如上所述，"逐鹿"行动至少在距今4400年以后约五百年的时间里，已进入白热化的阶段。

为什么龙山时代的数百年，广袤的中原成了"逐鹿"的战场，并最终催生出了中国最早的广域王权国家——二里头国家？

在国家起源研究领域，美国科学院院士、美国自然史博物馆的卡内罗（Robert Leonard Carneiro）教授，是冲突论的代表人物之一。1970年，他在《国家起源理论》一文中提出了著名的限制学说[144]。

卡内罗关注的主要是那些受到限制的环境，比如古代的尼罗河流域、两河流域、印度河流域、墨西哥谷地、秘鲁的深山峡谷与海边

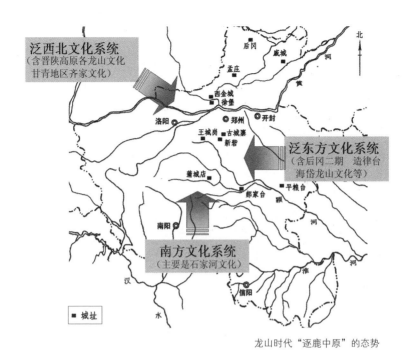

龙山时代"逐鹿中原"的态势

小河流域。其共同特点是：宜居宜农的土地，被山峦、海洋或沙漠等所隔离，两者截然分隔开来。在那些地区，小村庄逐渐扩大，然后分化、扩展，最终导致较适宜种植的土地都被利用了，争夺土地的战争因而兴起，并且渐趋激烈。由于环境的限制，战败的村民无处可逃，或者基于利弊权衡，不愿逃走，故而屈服于战胜者，或者沦为附属纳贡者，或者整个村落被战胜者吞并。随着这种过程的反复出现，较大政治实体的整合情况出现了。强大的酋邦征服弱小的酋邦，政治实体迅速扩大。最后，政治单位的复杂情况与权力集中情况都演进到一定的程度，国家也就随之产生了。这就是卡内罗限制理论的基本内容。

此后，卡内罗继续修订和完善自己的学说，提出对限制理论的两个补充。

首先是"资源集中论"。在亚马孙河流域，宜居宜耕的土地几乎不受限制，河流沿岸为何却有酋邦兴起？卡内罗的回答是，那些地区资源十分集中，资源集中的地方也相当于环境受到限制的地方。亚马孙河的优越条件吸引周围的人们聚集在这里。故而，争夺沿岸土地的战争变得越来越激烈，战败者为了不离开河流，往往屈服于战胜者，因而酋邦在此得以兴起。

另一个社会限制的补充学说是，在一个人口密度大的地区，对于居住于中心区域的人们来说，也可以产生一种相当于环境限制的效果。具体而言，处于中心区域的村庄，四周被其他村庄所包围，因而难以迁走以逃避攻击，只得加强力量来保卫自己。结果是，中心区域的村庄发展得比边缘区域的村庄规模要大，原因在于，无论是攻击还是防守方面，大的村庄都处于更为有利的地位。激烈的战事也使得中心村庄的头人变得更加强大，他们也是战争首领，其影响力随着战事的增加而扩大。村庄与村庄之间攻防联盟的出现，也比周边地区的情况更为普遍[145]。

限制理论是否也可以用来解释中原国家的兴起，资源集中与社会限制这两种因素在中原国家形成的过程中是否也起过作用，卡内罗的理论无疑给我们的相关思考提供了重要的启发。

对于在"逐鹿"中，中原文化走向强大的原因，赵辉教授也有提纲挈领的解读：

  中原文化强盛起来的原因，也就是那些曾盛极一时的地方文明衰退消亡的原因。所谓中原,是天下居中、八方辐辏之地。在史前文明的丛体里,它是物流、情报、信息网络的中心。这个地理位置方便当地人广泛吸收各地文化的成败经验,体会出同异族打交道的策略心得,终至后来居上。……中原文化的强大主要依赖于政治、经验的成熟,而并不是因为它在经济实力上占有多么大的优势。反之,前一个时期的那些地方文明由于处在这个网络的边缘,信息来源狭隘,从而导致了它们在政治上的不成熟和社会运作方向的偏斜,最终在和中原文化的对峙中渐落下风,有的甚至还没来得及和中原文化直接对峙就先行衰落下去了。[146]

关于中原国家形成的动力、途径与机制问题,还有很大的探索空间。

四　大邑二里头

山北的政治图景

大家可能已经注意到，第二部分"嵩山的动向"中，浓墨重彩加以介绍的城邑及以其为中心的聚落群，几乎都分布于嵩山东麓和东南麓的淮河水系。给人的感觉是那里刀光剑影、壁垒森严，热闹非凡。而地处嵩山西北麓、中原腹地的中心，属于黄河水系的洛阳盆地及其周边却相对"沉寂"。

洛阳盆地，是中国田野考古工作投入力度大、基础扎实、成

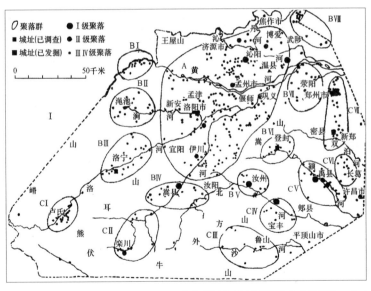

郑洛地区龙山时代聚落分布（赵春青 2001）

果丰富的地区之一。这里发现的龙山时代聚落数量众多,也不乏面积较大的遗址,已如前述,却至今没有发现城邑和令人瞩目的高等级遗物,而此后超大型聚落二里头却又恰恰是在这里闪亮登场的。因此,二里头在洛阳盆地的崛起,总给人一种突兀的感觉。

按照赵春青博士的梳理,黄河以南的伊洛河下游平原和黄河以北的济源—焦作平原一带的龙山时代聚落分布最为密集,这一区域地势开阔,遗址分布呈散点状,较为均匀,无明显集结成群现象。故赵文将其视为同一个大的聚落群(A群)。在其西、南、东三面分布的聚落则有明显的结群现象,可明确辨识的共15群。这15群聚落看似呈内外两圈分布带环绕着前述的大群(B、C群)。

赵文认为,A群聚落不仅占地范围广,而且所含聚落数量多,构成郑(州)洛(阳)地区龙山时代的主体聚落群,而外圈的B、C群聚落则属于一种从属性聚落群,整体呈现出一种主从式分布格局。基于此,赵文进一步提出,郑洛地区龙山时代的聚落是一个有主有次、主次分明的聚落统一体。"极有可能龙山时期的郑洛地区已经存在一个空前统一、坚强有力的社会集团,这一社会集团足以控制整个郑洛地区的聚落分布格局"[147]。

果如此,二里头在作为中原中心的洛阳盆地的问世就是极其顺畅自然的。但这种推想与考古学材料间还有抵牾,在"嵩山的动向"中已有简述。针对这一推想,王立新教授有不同的解读:"赵文所分的B、C两群实际上是由15个相对独立的聚落群组成的。……即使是在A群之内,也还并存有至少4个规模相差不大的Ⅰ级聚落,而未见一个可居主导地位的中心性聚落。若从更为详细的大比例地图上观察，A群聚落群中的这些Ⅰ级聚落和部分Ⅱ级聚落，或许仍旧构成了各自所在的小聚落群的中心，仍有一定程度的独立性。"这一分析似乎更具说服力。其结论是："从诸多考古现象的观察看，嵩山南北的龙山晚期聚落群大多仍处于相对独立、相互抗衡的状态，甚至彼此之间的冲突、战争也频繁发生，远没有达到政治上的完全统一。"[148]

相比之下，位于嵩山西北麓的洛阳盆地，缺乏城邑和贵族奢侈品的发现，其地域集团的社会分化程度似乎不及嵩山东南的颍河中上游地区。从这样的政治图景看，随后统驭盆地乃至更大区域的二里头统治者似乎并非当地土著。

二里头人从何而来？

从以陶器为中心的文化面貌看，二里头文化是在继承嵩山南北的王湾三期文化的基础上发展起来的，而"新砦类遗存"在其中起到了某种整合和催化的作用。这是大多数学者的共识。但如果把整个王湾三期文化看作铁板一块，就会给人一种单线渐进式演进的感觉。

细究起来，学者们注意到，从龙山末期开始，以嵩山东南麓为大本营的煤山类型文化因素已开始陆续向北渗透甚至穿插在王湾类型的分布区中。其传布的路线似乎是沿嵩山东侧北上，经由郑州地区而进入嵩山北麓王湾类型的腹地。而"新砦类遗存"，正是煤山类型与王湾类型相互碰撞、整合的开始。就目前的资料而言，在嵩山南北的文化整合过程中，煤山类型可能居于更为主动的地位。对二里头陶器的文化因素分析也表明，二里头文化除了继承嵩山南北区域龙山文化的共有因素之外，承袭煤山类型的特征性因素相对也要多于王湾类型的因素。所以，在嵩山南北的文化由各自独立而走向整合的过程中，煤山类型显然扮演着更为重要的角色[149]。

由中心聚落的内涵看，新砦聚落似乎也更多地继承了来自嵩山东南麓的瓦店遗址的文化因素。如前所述，瓦店地处煤山类型分布区的中心位置，是目前发现的该类型中规模最大、规格最高的遗址，它同时还吸纳了来自东方和南方的文化因素。瓦店遗址发现的制作精美的觚、盉、杯等高规格酒礼器亦见于新砦遗址。以环壕为特色的瓦店聚落，或许就是新砦环壕聚落形态的最初来源？而迄今未发现城圈的二里头都邑也有壕沟存在的迹象（详后），从中也可窥见二里头人和二里头国家缘起的若干轨迹？这都是饶有兴味的问题。

简言之，瓦店、新砦、二里头集团，似乎有较密切的关联。当然，关于二里头文化的来源问题，还有多种推想。如"山西龙山文化也应视为二里头文化的一个重要来源"[150]，夏族兴起于古河济之间[151]，或夏王朝崛起于东南而后北上中原说[152]等等，不一而足。

总体上看，二里头文化中的所谓外来因素，多可从王湾三期文化中找到源头，可以认为它们大多是"垂直"继承自中原当地龙山文化的，二里头人不大可能是在二里头文化崛起时才从外部"挺进中原"的,它只是在一个新的高度上接续和整合了龙山时代逐鹿中原的"群雄"的文化遗产。

此洛河非彼洛河

整个洛阳盆地,西高东低。伊、洛两大历史名河横贯其中。面积约1300平方公里的洛阳盆地,有"十三朝故都"之称。这说的是在夏商至唐宋间的两千余年时间里,有十多个王朝曾在此建都。一个并不太大的盆地作为权力中心而受到长期的青睐,这在全球文明史上也是极为罕见的。

这所谓的"十三朝故都",遗留下了五大都邑遗址。它们绵延分布于长达30多公里的盆地中心地带,由西向东分别是东周王城、隋唐洛阳城、汉魏洛阳城、二里头遗址、偃师商城,被誉为华夏文明腹心地区的五颗明珠。这几座都邑遗址都分布于盆地北侧宽广的二级阶地上。中国古代以水之北、山之南为"阳"。上述几大都邑,都背靠邙山、面向古洛河(隋唐洛阳城虽跨洛河而建,但其重心仍在洛北),是为"洛阳"[153]。

任何历史,都是在地理这部大书中写就的,所以治史者都极注重古代地理环境的复原。

据研究,现在洛河下游自今洛阳市与偃师交界处,汉魏故城西南到伊、洛河交汇处河段就并非先秦时期的古洛河。它不仅形成晚,而且还应是因人工干预而改道的。从汉魏时期开始,为了保证

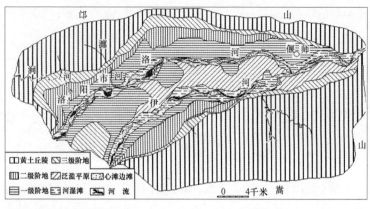

洛阳盆地平原区地貌结构

"东通河济，南引江淮"的漕运的畅通，人们在作为都城的汉魏故城西南一带，用堰塞疏导的方法迫使部分洛河水流入人工渠——阳渠（谷水），增大其流量以助行舟。这就是所谓"堰洛通漕"的水利工程。洛河故道则应在今洛河河道、汉魏洛阳城和二里头遗址以南[154]。

现在我们从偃师商城去二里头要跨越洛河，进入（伊、洛）"夹河滩"地区，但一定要知道当时这两座大邑都在古伊洛河的北岸，这是我们在地理上了解二者的重要前提。

为什么我们在这里称古伊洛河呢？现在的洛河、伊河交汇处，位于偃师商城东南，以下河段称为伊洛河。但古伊河、洛河则合流于汉魏洛阳城南一带，在二里头遗址的上游，所以从严格的意义上讲，当时流经二里头和偃师商城南的河段应称为古伊洛河，而非古洛河[155]。

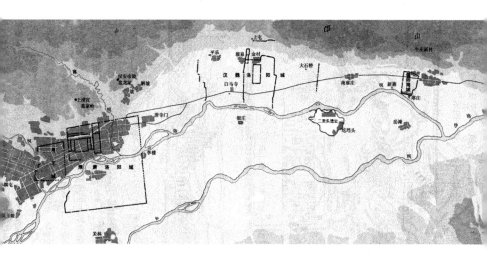

华夏文明腹心地区的五颗明珠——五大都邑遗址,都背靠邙山,面向古洛河

一水冲三都

喜怒无常的河水往往是不驯服的。"堰洛通漕"使阳渠(谷水)成为主水道,最终冲决成了现在的洛河。这一人工改道对当时人来说也是一利一弊,虽有通航之便,但河水在泛滥时极具破坏性,不以人的意志为转移。在以后的岁月中,它不但冲毁了汉魏洛阳城的南垣,也破坏了偃师商城西南城垣的外角。另外,它使得原洛河河道水流量减少,流速减慢,逐渐淤塞,以致最终废弃。

说到现洛河之于二里头,则令人扼腕叹息。如果说肆虐的河

四 大邑二里头

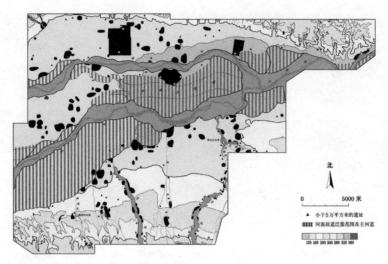

洛阳盆地中东部水系变迁与先秦遗址分布

水仅"剐蹭"了偃师商城的一角,那么它对二里头遗址的破坏则是巨大的。六百多米宽的洛河河道横扫遗址北部,现存面积300万平方米是"劫后余生",推测至少有100万平方米的遗址被彻底切割破坏[156]。

另一个值得注意的地貌特征是,上述"堰洛通漕"工程居然兴建于一条东西向的隆起地带上,学者们认为它应当就是古文献所称的"亳坂"[157]。说到"亳坂"得稍作解释。这地名最早见于晋《太康地记》,说的是"尸乡南有亳坂,东有城,太甲所放处"。这段话在夏商分界讨论中引用频率极高,"尸乡"、商都"亳"、商王"太甲"所包含的丰富的历史信息,引人遐思,同时也无从验证。"亳坂"是坂,一处有缓坡的高地没有问题,是否就是商都亳邑之所在,不知道。至少,先秦文献中没提。

这片被称为"亳坂"的微高地绵延20公里有余,西逾汉魏洛阳城,东达偃师商城。汉魏洛阳城和偃师商城的地势都是南北高、中间低,向北均随邙山地势逐渐抬升,向南的抬升则是因为古"亳坂"的存在。东汉洛阳城南宫及灵台、明堂、辟雍等礼制建筑和中国最早的国立大学——太学都位于这"亳坂"之上,偃师商城的宫殿区及若干重要建筑也位于城的南部,都应与这一带地势较高有关[158]。

前已述及阳渠就建在"亳坂"上,洛河更肆无忌惮地把这一条状高地撕成两半。位于高地北坡的偃师商城似乎"伤势"不重,但其南垣南门外是否有重要遗存已无从知晓。汉魏故城南垣被彻底破坏,城南重要礼制建筑和太学,已与城内宫室及永宁寺、白马寺等隔河相望。

如果在汉魏洛阳城和偃师商城之间画一连线,你会发现位于二者中间的二里头遗址明显偏南,整个遗址正坐落在坂上,因而其北部遭受重创。而"亳坂"北有一条蜿蜒东行的凹地槽,横贯偃师商城中部的所谓"尸乡沟"就是它的东段。这一凹地槽或为汉魏时期的漕运河道——"阳渠"遗迹[159]。

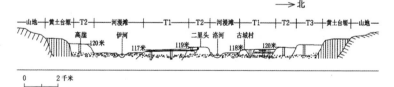

洛阳盆地南北地貌综合剖面图（T1～T3分别为一至三级阶地）（夏正楷等 绘）

"半岛"上的新居民

幸运的是,濒临伊洛河故道的二里头遗址,占据了"亳坂"南坡一处向南伸出一公里余的半岛状高地。此后,这处都邑的中心区就建立在这高起的"半岛"之上。"半岛"的东西两面是河湾浅滩或沼泽湿地,南端至今还有2～3米高的断崖,从上面可以俯瞰宽阔的古伊洛河河床低地。三千多年前的当时没有大堤,只能任河水漫延,所以水大的时候从半岛南端的作坊区向南望,一定是汪洋一片。到了四公里外的现伊河南岸,地势才提升起来,可以住人。那时没什么污染,天晴时能见度高,从二里头都邑向南远眺,应当能看到隔岸高崖聚落的炊烟(现伊河大桥旁的高崖村有一处同时代的遗址)。

一位当地老农侃二里头"半岛"的优越性,其权威性似乎不逊于学者:1982年夏天伊洛河流域发大水,整个"夹河"地区全部被淹,只有这片高地在水面之上!这块宝地成了附近村民的"诺亚方舟"。他给我们指当时的水位线,大致在海拔118米左右,与我们钻探所得二里头遗址的边缘线基本吻合[160]。

但这块宝地,在二里头人到来前却并未被充分地开发利用。仰韶文化晚期至龙山文化早期阶段,这里仅分布着数个小型聚落,大都在古伊洛河北岸的近河台地一线。王湾三期文化时期,这几个小聚落也不见了,居民极少,仅发现有零星的遗存。最近的古代环境

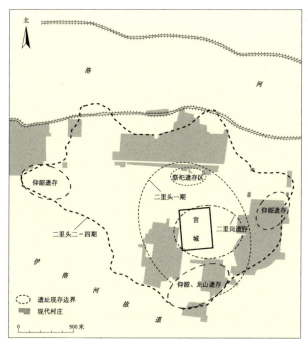

二里头的聚落变迁

研究表明当时水势很大。

到了距今 3800 年左右,这里突然热闹了起来。大量人口涌入,使得它在极短的时间内膨胀为一个超大型的聚落,或者是由若干聚落组成的大聚落群,面积超过 100 万平方米。无论上述哪种情况,它已显现出不同于嵩山周围同时期一般聚落的规模和分布密度[161]。由于后来人们在此地的频繁活动,这些第一批到达二里头者的遗存深埋于地表两米以下,所剩无几,支离破碎。考古工作者只能通过蛛丝马迹来推测他们的生存状况。我们不知道他们来自何方,就把

四 大邑二里头

他们称为"二里头人"吧。

他们使用的陶器有新砦甚至龙山的风格,但又融合进了一些外来的因素,发展出自身的特色。他们已掌握了冶铜技术,使用铜刀等小型工具;用绿松石珠和远方来的海贝作为装饰品,这是只有贵族才能佩戴的;他们还用牛、羊、猪的肩胛骨来占卜;破碎的陶器上保留着刻画符号[162]。说到"不动产",只见有小型墓葬和垃圾坑等,显然"等级"不够高。所以,我们还没有充分的证据说这批二里头的新居民是控制广大地域的统治者。

但考虑到此时的新砦大邑至少已经衰落或已退出历史舞台,二里头似乎成为嵩山南北一带独一无二的超大型聚落,有理由推断这里在"二里头人"到来之初,可能已成为较大区域的中心性聚落,只是我们对他们的了解还太少。

无论如何,这批最早的"二里头人"的到来,奠定了这座都邑日后全面兴盛的基础。

都邑大建设

历史进入公元前 1700 年左右,即考古学家所谓的"二里头二期"时,二里头迎来了她作为都邑的大建设、大发展时期。这一时期的遗存开始遍布现存 300 万平方米的遗址范围。显然,这是人口高速膨胀的证据。与此同时,大规模的城市建设全面铺开。

城市建设,规划在先,现在听来属于常识。但在二里头以前的中

二里头都邑中心区的演变

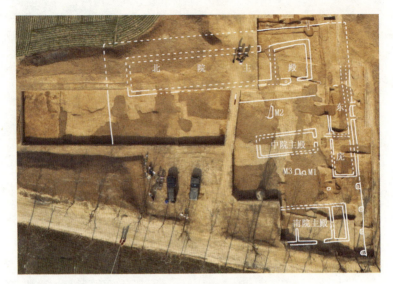

二里头5号基址——迄今所知中国最早的多进院落宫室建筑

二里头宫殿区发掘

国历史上，还没有哪处中心性聚落或都邑有过如此缜密的总体规划设计和明确的城市功能分区。如前所述，无论陶寺还是新砦，都是因地制宜，不求方正。这与二里头都邑的布局结构形成了鲜明的对比。

首先，地势最高亢的"半岛"上，也即遗址中南部成为中心区。那里先有了"井"字形的主干道网及最早的一批大型建筑。道路的方向决定了当时及此后二里头都邑单体建筑的方向，以及宫室建筑群中轴线的方向。纵向南偏东174°～176°（即习称的北偏西4°～6°。但我国处北半球，建筑多以南面为正向，应以南为准）左右，可称为"二里头方向"。

如果上挂下联，值得注意的是新砦的浅穴式大型建筑为86°（因横向无门，以东向计）[163]，与二里头宫室建筑的方向大体一致。与此形成对比的是，嗣后二里岗、殷墟期的城址建筑基本为南偏西，有学者认为应是二者分属夏、商王朝的重要依据[164]，但仍有学者持别样的解说，无法成为定论。

两纵两横的大路，把遗址中心区划分为不同的区域。四条大路围起的区域内，分布着成组的大型夯土建筑，应为宫殿区。值得一提的是，这一时期的两座大型宫室建筑，均为一体化的多进院落的布局。由于中国土木建筑难以高耸的特性，作为身份地位象征的宫室建筑不得不向"纵深"发展，因此，多进院落成为中国古代宫室建筑的主流。所谓"庭院深深深几许"，此之谓也。而我们在3600多年前的二里头，找到了这类建筑最早的实例。

宫殿区以北已开始作为祭祀区使用，祭祀遗迹与墓葬散布其间。宫殿区以南制作贵族用品的作坊区开张，沿大路内侧围以夯土墙，显现出对这一特殊区域的重视。迄今所知中国最早的铸铜作坊

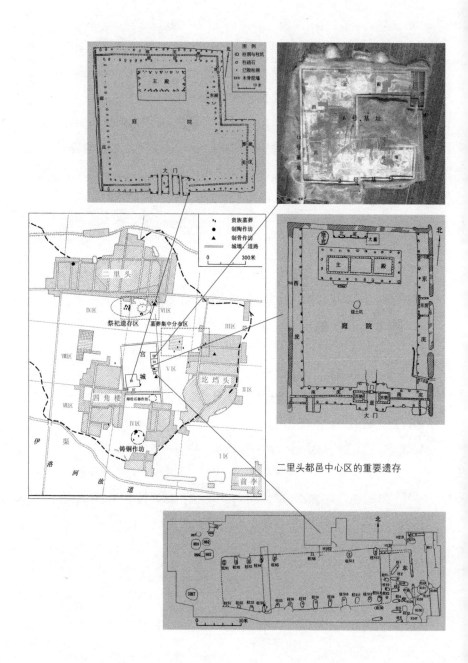

二里头都邑中心区的重要遗存

就发现于此。中国社科院杜金鹏研究员，把围垣作坊区称为"工城"，认为祭祀区、宫殿区（后来建起了宫城）和"工城"，构成了二里头都邑的大中轴线[165]。

墓葬散见于遗址各处，整个都邑范围内没有固定而长期使用的埋葬区域。这种状况与二里头文化相始终。

遗址东北部至东缘一带曾发现大型沟状遗迹，已知长度达500米许，宽10米左右。之所以不称其为壕沟，是因为它有多处中断，应该不具有防御功能。但它是二里头聚落的东部边界，显然具有区划的作用。这一沟状堆积形成于二里头二期，应系大量取土所致，后来成为垃圾倾倒处[166]。考虑到大沟内土的容积，不是一般聚落建房用土所能消化，因此不排除用于宫殿类大型夯土建筑取土，或大型制陶作坊采取原料土的可能，而大沟附近尚未发现这类需大量用土的遗迹。因此，有理由推测这一取土沟是经过有意规划而不是随意挖成的，甚至不排除它提供了数百米外宫殿区的建筑用土。这从一个侧面反映了都邑建设上的规划性。

走向全盛

对二里头文化如做二分法的观察与描述，那么二里头第一、二期和第三、四期，就分别被归并为二里头早期和二里头晚期。这早、晚期之间还真有显著的变化。在二里头都邑，可以用走向全盛来概括。从遗存的分布范围和内涵看，二里头文化三期持续着二期

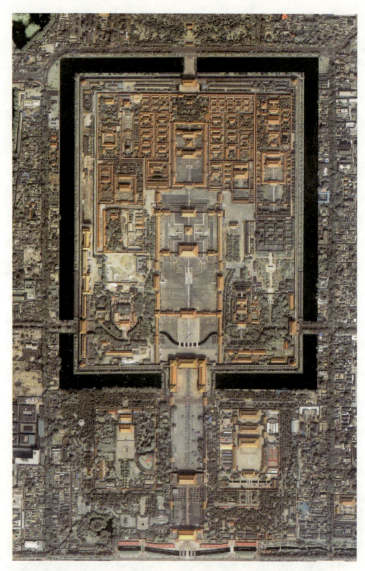

明清紫禁城。纵长方形的二里头宫城,里面林立的宫室,带门楼的南大门,应该与其一脉相承

以来的繁荣。总体布局基本上一仍其旧,道路网、宫殿区、围垣作坊区及铸铜作坊等重要遗存的位置和规模几同以往。但与上一期相比,这一阶段的遗存也出现了若干显著变化,值得关注[167]。

首先,宫殿区的周围增筑了宫城城墙。二里头二期时的大路本来就宽,一般10余米,局部地段可达20米,发掘的同仁戏称其堪比现代四车道。宫城城墙就建在这"井"字形的四条大路上的内侧。好在墙不宽,2米左右,墙外的道路仍继续使用。宫城城墙围起的面积超过10万平方米。纵长方形,与磁北仅数度之差的"二里头方向",里面宫室林立,带门楼的南大门。人们看着会觉得眼熟:这太像紫禁城了。它的总体面积虽仅是明清紫禁城的七分之一,但这可是3600多年前的,中国最早的"紫禁城"!

一大批大中型夯土建筑基址兴建于这一时期。在宫城南大门中轴线上,一座面积达1万平方米的庭院式宫殿拔地而起。这就是著名的1号宫殿。1万平方米是个什么概念呢?它比占地7140平方米的国际标准足球场还要大一圈。逾10万平方米的宫城和1万平方米的大型宫殿凸现于东亚大陆的地平线上,史无前例,它的象征意义和历史地位都是可以想见的。

迄今为止,二里头宫城内共发现两组大型建筑基址。上面说的宫城南大门门塾及其内的1号宫殿位于宫城西南部,另一组建筑则坐落于宫城东部。宫城东部在二里头二期时本来有并列的两组建筑,由前后相连的多重院落组成(3号、5号基址)。三期时它们都被彻底平毁,新建的2号、4号基址另起炉灶,采用单体建筑纵向排列,压在被夯填起来的3号基址的遗墟上。两个时期

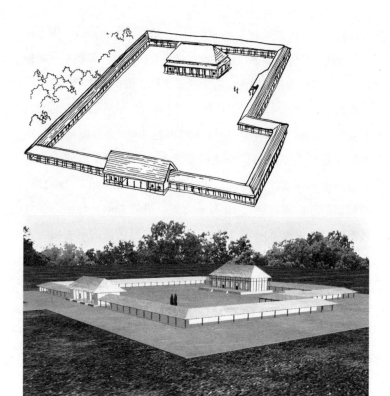

二里头1号宫殿复原

的建筑格局大变,同时又基本上保持着统一的建筑方向和建筑规划轴线。

随着宫城城墙与一批新的大型建筑基址的兴建,宫城内的日常生活遗迹,如水井、窖穴等在数量上显著减少。这一现象似乎昭示了宫殿区的特殊功能,它成为一处为统治阶层所独占以从事特殊活动的、更为排外的场所。

公共空间的阙如,是中国文化的一个传统。北京大学唐晓峰教授指出:"不让看,也是中国传统城市建筑景观的一大特点……'金銮宝殿'固然了不起,但看不见,它只属于同样看不见的皇帝,而不属于城市,不易转化为城市纪念物。"[168] 看来,这一传统至少可以上溯到二里头,甚至更早。

在围垣作坊区的北部,一处面积不小于1000平方米的区域被用作绿松石器的生产,发现于贵族墓中的嵌绿松石铜牌饰以及其他绿松石饰品,应当就是这类作坊的产品。与此同时,铸铜作坊开始生产作为礼器的青铜容器。

除了青铜礼器,贵族墓中也开始随葬大型玉礼器,其奢华程度较二期又上了一个台阶。联系到大型宫室的营建,日本京都大学冈村秀典教授认为,真正的"朝廷"与"宫廷礼仪"应是发端于这个时期的[169]。

持续辉煌与都邑终结

二里头四期,其时间下限已接近公元前1500年。作为二里头文化的最后一个发展阶段,下接更为辉煌的二里岗期商文化,此期的二里头想不成为学界关注的焦点都难。

以往的一般认识是,二里头文化四期(至少是其晚段)的二里头遗址已出现衰落的迹象,1号宫殿基址已经废弃;偃师商城与二里头遗址的关系可大体用"一兴一废"来表述。因而,大部分学者认为,中国历史上第一幕改朝换代的悲喜剧——"夏殷革命"就是

增筑于二里头文化末期的大型基址——6号基址

在这里上演的。

　　二里头都邑真的衰败甚至废弃于此期吗？是毁于敌手吗？作为都城的二里头终结于何时？近年的发现有助于加深对这些问题的认识。勘察发掘与初步研究结果表明，这一阶段的遗存在遗址中心区分布相当密集，周围地区则较此前有所减少，但遗址规模并未缩小，已发掘的遗迹数量也与二里头文化三期相近。同时，宫殿区仍延续使用，范围甚至有所扩大。1号、2号等多座始建于三期的夯土基址、宫城城墙及周围大路等重要遗存，直到此期的偏晚阶段均未见遭遇毁灭性破坏的迹象。宫殿区范围此期遗存的丰富程度远远超过三期。在宫殿区东部还发现了增筑于这一时期偏晚阶段的大型基址（6号基址等）和庭院围墙[170]。

在此期晚段，宫殿区以南的围垣作坊区又新建了一道大型夯土墙，夯筑质量远远高于宫城城墙。制造贵族奢侈品——青铜礼器和绿松石器的作坊一直延续使用至二里头文化四期。

这一时期，二里头墓葬所见青铜容器和玉器等礼器的数量和质量都超过了第三期。据我们对二里头出土铜、玉礼器的重新分析，属于二里头文化第三期的青铜容器只有爵一种，大型玉礼器只有圭和璋等；迄今为止可以确认的最早的青铜兵器戈、戚（有学者认为是战斧）属于二里头文化第四期，至于盉、斝、鼎等青铜容器，多孔玉刀、戈、璧戚等大型玉礼器，都是在二里头文化第四期才出现的[171]。此外，形体较大、纹饰精美的陶器也屡有发现。

种种迹象表明，在一般认为已实现了王朝更替的二里头文化第四期（包括其晚段），这里的宫殿区仍在使用中，仍在兴建新的大型建筑工程，仍集中着大量的人口，存在着贵族群体和服务于贵族的手工业。它的繁荣程度并不逊色于第三期，在若干方面甚至较第三期有所发展。因此，从考古学的层面上看，这一阶段的二里头遗址仍属都邑性质的大型聚落。即便在其间发生了王朝更替的历史事件，也并未导致这一都邑迅速而全面的衰败。相当于二里头文化第四期的二里头遗址，仍在发挥着重要的作用。

遗址中罕见相当于二里岗下层文化晚段的遗存，表明二里头此时全面衰败，人烟稀少[172]。

您可能要问，那么二里岗下层文化早段遗存呢？我们认为二里头文化的下限应已进入这一时段。换言之，二里头文化第四期与二里岗下层文化至少有一段时间是共存的。

不堪重负的陶器

前已述及,不同空间的遗存"共时性"问题是令考古人挠头的一大难题。我们虽摸索出了"搭桥法(桥联法)",即通过器物(主要是日用陶器)间的相似度来推断所在遗存的共时性,但说到底还是推断,不是确证,结论的不确定性是可以想见的。不要说相似相近,即便是看起来相同的器物就一定是同时的吗?时空差,文化谱系的差异,历史文化发展的不平衡性,都会使文化现象变得错综复杂,让人眼花缭乱。

对二里头文化第四期与二里岗下层文化早段(约当偃师商城第一期)究竟是前后相继还是至少有一段时间共存,就存在着不同的看法。问题的症结主要在于已发表的材料中,尚缺乏能够确证二者早晚关系的层位依据,目前的研究还仅限于陶器形制风格上的排比推断[173]。鉴于此,二里头遗址作为重要都邑,是否与初建期的偃师商城并存过一段时间,也尚存异议。

这里不拟一一列举学者们通过日用陶器来分辨夏商王朝的丰硕成果。夏商分界研究的每一家都认为自己有过硬的以陶器为中心的文化因素分析上的证据。正因为每一家都能拿出自认为过硬的证据,才让我们对这种证据的可信度及其立论前提产生怀疑。显然,其立论前提是,日用的、锅碗瓢盆的风格是以改朝换代为转移的。我们曾对王湾三期文化晚期至二里岗文化早期的陶器群组合演变情况做过梳理。发现从以陶器为主的文化特征上看，这一长时段的文化演进过程是渐进的，其间缺乏大的突变和质变现象[174]。

可以认为，在相关文化分期与谱系研究乃至文化归属问题上的种种歧见，也应主要归因于该地域文化发展上的渐进性或曰连续性。这一区域处于不同发展阶段的考古学文化面貌既以当地先行文化为主源，随时间的推移按惯性连续演进，又不断吸纳新的文化因素，形成各阶段的特色。尽管有族群甚至王朝的更替，但它们却没有像美索不达米亚和埃及那样由于外族入侵而导致文化上的大断裂。这种连续性的特征，应是中国上古史上这一社会剧变时期人们共同体的分化与重组的真实写照。后世中国王朝更迭而文化内核大致不易，其渊源或可上溯至此期，也未可知。

难哉，一刀断夏商

让我们从后向前捋一捋夏商分界诸家的论断，并愿意代其罗列或补充有利于其论断的"证据"。

认为只有二里头文化才是夏文化者，多认为该文化与二里岗文化未曾共存、前后相继。持此说者以一支考古学文化只能属于一族一王朝为立论前提，在两支文化间"切刀"，分割夏商，干脆利落。此说将物质层面的考古学文化与族属、王朝之类人群或其发展阶段等量齐观，而这在理论和实际两个层面都需要加以深入论证。考古学上的二里岗文化和殷墟文化同属商王朝文明，即是反证。文化人

	爵	斝	鼎	盉	盂	鬲
二里岗上层早段						
二里岗下层晚段						
二里头四期晚段（二里岗下层早段）				盉（？）		
二里头四期早段						
二里头三期晚段						

二里头至二里岗时代青铜容器的流变

类学和民族学材料也不支持这样的推论[175]。

在二里头文化以内"切刀"的学者应该不认同上述观点,但持不同"切法"者的看法又有差别。持二里头三、四期分界,或二里头四期早、晚段分界说者,可以认为是对上述认识做了修正,他们多视四期(或其晚段)遗存为进入商纪年的夏遗民的文化。

近年,越来越多的学者接受了这样的观点:由郑州、偃师两座商城的早期和二里头末期都存在下七垣、岳石和二里头三种文化因素,可知它们具有"共时性"。对于偃师商城崛起于洛阳盆地二里头都邑近旁,时间上看又大体上"一兴一废"这一现象,一般用"卧榻之侧岂容他人鼾睡"理论,解释为若非夏商更替,断无可能[176]。这大概是迄今为止最能自圆其说的一种解释。除了日用陶器所标识的物质文化面貌,建筑学上的"二里头方向"不同于诸商代城址的方向,也被用来作为划分两大族团两大王朝的重要佐证。但并非无懈可击。

有利于此说的现象还有,鼎、斝这类二里头文化纯日用陶器,在二里头四期居然被作为青铜礼器铸造使用。这与第三、四期铜爵、盉仿自同类陶礼器形成鲜明对比。对于特定的人群来说,这应是"伤筋动骨"的大事。同出一墓的铜鼎和圜底铜斝是迄今所知青铜器中最早的外范采用三范的例证,这种制造工艺习见于其后的二里岗文化[177]。

至于宫城和1号宫殿的兴建,在彻底平毁二期宫室后于其遗墟上另建格局不同的2号、4号基址,青铜礼器的铸造使用,以及陶鬲等"新生事物"的出现,都可作为有利于二里头二、三期分界说的证据。

二期都邑大建设开始，初现大型宫室建筑群，地域上的势力大扩张也随之展开，陶器群从具有浓厚的龙山、新砦风格到形成自身特色，又可以作为一、二期分界说的证据。

公说公有理，婆说婆有理。没有哪一家持有决定性证据。难哉，一刀断夏商！

说到底，在考古学家致力解决的一长串学术问题中，把考古学文化所代表的人群与历史文献中的国族或者王朝归属对号入座的研究，并不一定是最重要的。暂时不知道二里头姓夏还是姓商，丝毫不影响它在中国文明发展史上的地位和分量。再说句大实话，这也不是考古学家擅长之事。考古学家最拿手的，是对历史文化发展的长程观察；同时，尽管怀抱"由物见人"的理想，但说到底考古学家还是最擅长研究"物"的。对王朝更替这类带有明确时间概念的、个别事件的把握，肯定不是考古学家的强项。如果扬短避长，结果可想而知。回顾一下研究史，问题不言自明[178]。

五 中原与中国

文化大扩张

还是回到考古学,谈谈我们擅长的事吧。

第二部分"嵩山的动向"曾介绍过"新砦类遗存"的分布范围,它以嵩山为中心,集中见于今郑州地区,似乎北不过黄河,南不过禹州[179]。二里头一期遗存的分布地域则以嵩山北麓的伊洛平原和嵩山南麓的北汝河、颍河上游一带最为密集。这一带恰是王湾三期文化、"新砦类遗存"和二里头文化的核心类型——二里头类型的中心分布区。"新砦类遗存"的晚段和二里头一期遗存的早段可能同时并存。但到了二里头一期遗存的晚段,新兴的二里头文化已覆盖了包括原"新砦类遗存"分布地域在内的更大的范围[180]。但总体上看,二里头一期遗存的分布西至崤山,北以黄河为界,东未及郑州、新郑一线,南不过伏牛山[181]。与其后二里头文化的大扩张相比,它就小巫见大巫了。

大体与前述二里头都邑的膨大化和大建设浪潮同步,以其为辐射源,二里头文化的冲击波也以前所未有的势头铺展开来。

自二里头二期始,二里头文化的影响开始跨过黄河,北抵沁河岸边,西北至晋西南的运城、临汾地区,向西突入陕西关中东部、丹江上游的商州地区,南及豫鄂交界地带,往东至少分布到豫东开封地区[182]。说二里头文化一统中原,似不为过。与早于它的众多史前文化相比,二里头文化的分布范围首次突破了地理单元的制

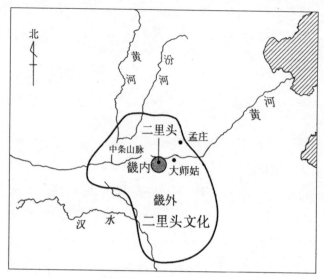

二里头文化的扩张与控制模式（宫本一夫 2005）

约，几乎分布于整个黄河中游地区。

与此相应，二里头文化也被划分为二至五个地方类型，显现了这支核心文化与当地土著文化的交汇和融合。其中以嵩山一带为中心的二里头类型和晋西南的东下冯类型被认为是最具代表性的遗存[183]。

也有学者认为分布于晋西南的东下冯类型不属于二里头文化。就中国考古学的传统而言，对考古学文化的界定尽管在理论上包含对各类遗存的分析，但在实际操作中主要还是以日用陶器尤其是炊器作为最重要的指标的。对二里头文化的指认也不例外。众所周知，二里头文化以深腹罐、圆腹罐、罐形鼎为主要炊器，而以山西夏县东下冯为代表的文化遗存的主要炊器组合则为鬲、斝、甗等。鉴于这种情况，故宫博物院张忠培教授等指出东下冯一类遗存与二里头文化的炊器"不仅泾渭分明,而且均渊源有自",与其归入二里头文化,不如"将其视为源于三里桥文化发展出来而接受了二里头文化巨大影响的一支考古学文化"[184]。在不改变既有界定指标的前提下,东下冯一类遗存由于炊器群的显著差异而不应被划归二里头文化[185]。

仁者见仁,智者见智,考古学文化本来就是一种人为的聚类分析,不必过于较真。我们还可以从研究史的角度来加深对东下冯问题的理解。"二里头文化东下冯类型"的概念提出之初,北京大学邹衡教授就把它称为"东下冯型夏文化"[186]。从该用语的字面意义,可以窥见这一文化界定的研究史背景:对考古学文化归属的判定与对其所属人群的族属推断密切相关。

但这些认识上的差异并不太妨碍我们对这一时代文化大势的把握。无论如何,曾诞生了辉煌的陶寺文化的晋西南地区,在进入二里头时代,出现了至少是"接受了二里头文化巨大影响的一支考古学文化",甚至就是二里头文化的地方类型。差异是解释之间的差异,遗存就是那一群。只要不执着地非要追究它主人的身份,关于东下冯类遗存是二里头文化大扩张的产物,还是取得了共识的。

二里头国家的"疆域"

要说史就得由物见人,就不能总围着"考古学文化"那堆

"物"打转转。二里头文化的分布范围,说到底还是二里头人用的东西及其仿制品的空间存在状态。如果进一步追问,它就是二里头国家的"疆域"吗?

这二者当然是不能画等号的,正像二里头文化不能和夏族画等号一样。那么它们就完全没有关系了吗?好像又不能这么说,那堆"物"中应当有它背后的那群人活动的"史影",否则考古学也就没有了用武之地。

先要讨论的是,二里头国家有疆域吗?常识告诉我们,有国家就有疆域。但早期国家的疆域又很不同于现代国家。它没有"疆界"或"边界"的概念,没有非此即彼的一条"线"的区隔。那时人口虽较新石器时代有所增长,但还没到人挤人的地步。各聚落群团间还有大量的山谷森林绿地旷野相隔,同一族团的聚落也不一定全连成片,准确地说它们是一些"点"的集合。间或还有"非我族类"的敌对势力横在中间,也未可知。所以,即便有"疆域"也是相对的、模糊的甚至跳跃的。

这里介绍一则日本学者对早期中原王朝政治版图推论的思路。

首先,他们承认仅凭考古学材料难以弄清中原王朝政治疆域的范围。同时,他们从确认中原王朝的核心地区(嵩山南北和伊洛盆地一带)出发,进而"假定"陶器的主体与这一核心属同一系统的地区为中原王朝的政治领域。

推论从二里头都邑出发。在二里头时代,青铜礼器的制造和使用基本上集中于王都,具有极强的独占性,是权力和地位的象征物[187]。青铜礼器以下,作为王都的二里头典型陶器中有一群陶礼器,如爵、觚、盉、鬶等。它们也是具有社会或政治象征性

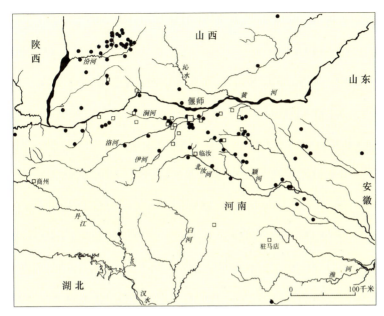

二里头时代出土有陶礼器的遗址分布

的器物,应该在某些礼仪活动中起着重要的作用。这一时期以赐予的形式从王朝扩散到各地的器物应该就是这类陶礼器。

如是,二里头以外的各聚落遗址是否出土陶礼器,也就应与该聚落的阶层地位有密切的关联。通过确认出土陶礼器的遗址的分布范围,可以论证当时在该范围内可能已形成了一个以政治秩序统一起来的共同体,形成了政治版图[188]。显然,相对于日常使用的锅碗瓢盆,由这类作为身份地位象征物的陶礼器入手,更容易把握住当时国家的政治脉动。

在二里头文化分布范围内至少有20余处遗址出土陶礼器,可以看到其分布几乎遍及整个二里头文化分布圈。除了超过300万平方米的二里头遗址，60万平方米的稍柴（王都近邻加强首都功能的具有特殊作用的大型聚落）和51万平方米的大师姑（中原王朝面向东方或北方，起特殊作用的政治军事据点）之外，其他聚落遗址的面积集中在10万~30万平方米之间。而且，它们在小流域或小盆地等地理单元内，几乎都属于最大规模的聚落。这与占遗址绝大多数、面积不足10万平方米的小型聚落形成对比。可以推测这些出土陶礼器的聚落应是被纳入以礼器为标志的王朝秩序架构的诸区域的中心聚落，它们的分布，很可能以王都二里头为顶点的中原王朝的政治疆域的范围大体重合[189]。

"畿外"的殖民据点？

在上述分析的基础上，日本南山大学西江清高教授等把王湾三期文化到二里头文化早期主要分布区的嵩山南北一带，称为中原王朝的畿内地区，这一区域的陶器在发展谱系上具有连续性。二里头文化的其他地方类型在陶器谱系上则与当地龙山时代遗存不相接续，他们称之为次级地区（"二次的地域"）。这类外围地区含有二里头文化因素的中心聚落，或可看作中原王朝在扩张其政治版图的同时营建的殖民据点[190]。日本九州大学宫本一夫教授将上述次级地区径直称为畿外地区，认为畿内和畿外地区分别具有在政治上直接控制和间接控制的意味[191]。

位于二里头东南淮河流域的河南驻马店杨庄遗址，地处从中原

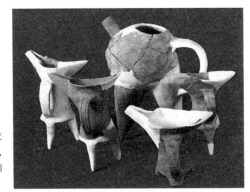

地处中原腹地到长江中游交通线上的驻马店杨庄遗址,具有和二里头文化中心区相似的文化内涵

腹地到长江中游的交通线上,应是畿外地区的中心聚落之一。该遗址从龙山文化到二里头文化时期的文化内涵变化显著,可知外来的二里头文化替代了当地的文化传统。虽然驻马店二里头时期的文化因素具有与二里头文化中心区相似的内涵,但也有不少当地因素。与以粟作农业为主的黄河流域同期遗址不同,杨庄的农业经济以水稻耕作为主。杨庄聚落围以环壕,也是畿内地区聚落所罕见的。遗址中还出有大量石矛、石镞等兵器,也暗示着该聚落可能的殖民据点的性质[192]。在区域间的文化交流中,这一处于南北交通线上的设防聚落的重要性是显而易见的。

陕西商洛东龙山遗址,是迄今所知二里头文化分布区西端的一处中心聚落遗址。在相当于二里头文化早期时,这里还存在着与二里头文化完全不同的具有浓厚当地特色的陶器群,表明这里还不属于二里头文化的分布范围。但是到了二里头文化晚期,其陶器群已与畿内地区的二里头文化极为相似[193]。东龙山聚落很可能是在二里头文化的大扩张中在畿外地区营建的一处

商洛东龙山遗址环境素描（陕西省考古研究院等 2011）

殖民据点。

东龙山遗址位于秦岭山脉的东部，包括铜矿在内的多种自然资源分布于这一带[194]。同时，东龙山遗址位于长江水系汉水支流丹江的上游，在丹江下游与汉水交汇处附近又有属于二里头文化的淅川下王岗遗址[195]，这两处遗址的文化面貌也较为接近。连接丹江和汉水流域的这些地点，应是中原王朝西南方的交通线。从东龙山遗址稍微北上，就能抵达黄河水系的洛河上游，那里的水路可通达洛阳盆地。

长江边的"飞地"

说到二里头文化的南界，一般认为驻马店以南的河南信阳地

早期王朝时代，国家的扩张沿着水路、陆路呈线状推进，形成点状的"飞地"，而这些据点的设立，与对自然资源的获取有着很大的关系（刘莉等 2002）

区，虽也发现了若干含有二里头文化因素的遗址，但其文化内涵与典型二里头文化还存在较大的差别，文化性质应另当别论[196]。至多，二里头文化的南界在鄂豫交界地带[197]。

由汉水及其支流再向南，即可抵达长江中游的重镇武汉。武汉市区东北、天河机场附近的黄陂盘龙城遗址，以二里岗时代商王朝在南方的重要据点而著称。外来者最早在此安营扎寨，大致在二里

五 中原与中国 153

头文化晚期（发掘者认为最早的遗存可以早到二里头文化早期[198]，可商）。至于二里头时代盘龙城遗址的性质，学者们的意见也不一致。究其原因还是其文化面貌与典型二里头文化有同有异，究竟是异大于同还是同大于异，诸家看法各异。总体上看，它的相似度还是很高的。至少，它的文化比其北的信阳地区甚至淅川下王岗、驻马店杨庄等聚落还接近于二里头都邑。鉴于此，湖南大学向桃初教授认为不能排除此类遗存是二里头文化晚期在较短时间内从中原地区直接传入的可能性[199]。

早期国家的扩张方式，最大可能是先沿水路、陆路呈线状推进，有些可能就是点状的"飞地"（中转站或军事据点）。盘龙城，究竟是这类"飞地"还是星星之火"燎原"成了个二里头文化的地方类型，有待进一步探究。

接下来的问题就是，这些中原王朝的据点因何而设？二里头文化扩张的背后显然有中原王朝的政治意图，除了利用"天下之中"的有利条件在广大区域建立政治关系网以外，获取各地的自然资源应该也是其重要的目的。而且，这种资源的获取，在当时也就是最大的政治。

对此，美国斯坦福大学刘莉教授和中国社科院陈星灿研究员有精辟的分析。

洛阳盆地是一个相对封闭且肥沃的冲积盆地，能够养活密集的人口，也有利于军事防卫，但有一个致命的缺陷，就是缺乏自然资源。修建宫庙需要大量的木材，制造石器需要石料，铸造青铜器需要铜、锡和铅以及用作燃料的木炭，维持本地区人民生存必须有食盐等等，所有这些资源都难以在二里头周围的冲积平原发现，但是却可以在周围地区半径为 20~200 公里的范围内获得。

城市中心的发展显然需要这些重要资源不断地向都城输送。二里头处于通向周围地区的陆路和水路交通的中心位置，从这里可以沟通那些自然资源丰富的地区。许多次级中心或据点大概就是为了保证这些资源的开发和运输而形成的。因此，资源的空间分布、主要交通路线和次级地区中心的设置，对于我们理解早期国家控制重要资源的政治经济活动，具有重要的价值[200]。

铜与盐，扩张的动因？

刘莉、陈星灿把二里头和二里岗国家称为早期国家，认为这是东亚大陆最早出现的一批国家。前二里头时代的诸考古学文化所代表的人类群团，尚处于酋邦（chiefdom）时代。早期国家可能从距离首都或远或近的地区获得重要资源。石料、木材和木炭似乎在伊洛河盆地周围的山区就可得到，而青铜合金和盐则需从很远的地方运来。这两种与早期国家密切相关的资源集中在有限的几个地区，因此很可能成为国家直接控制的重要战略物资。他们关注的是，这些资源的开发如何影响了早期国家的聚落分布和领土扩张。

二里头和商代的青铜器是由铜、锡和铅的合金铸造的。从二里头到商代，青铜器的数量增加，重量和体积增大，意味着国家对铜、锡、铅矿开发和供应的控制能力在逐步加强[201]。

这里又要坦陈我们在用词上的尴尬和无奈。二里头和商代，两

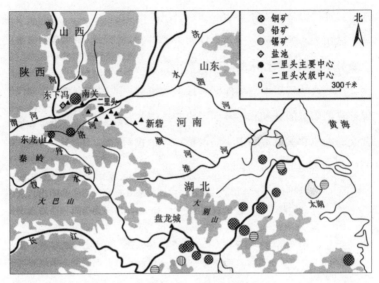

对金属矿藏和盐这些重要资源的获取和控制，影响了二里头主要中心和次级中心的关系（刘莉等 2002）

个非同类项的概念。我们还不能把它们看作是彼此排他的，无法确定二里头是否至少有一部分已属商代早期。在原史（proto-history）时代考古领域，这样的提法有其存在的合理性，但我们应当知道这是权宜之计[202]。

根据矿产地质学研究，中国铜矿储藏量丰富，但分布并不均匀。其中三分之二蕴藏在长江中下游、云贵高原、晋南和甘肃的部分地区[203]。大多数的铜矿历史上都曾被开采，许多矿的表层已被开采殆尽。此外，许多历史上可能被开采的铜矿曾在过去的文献上留下了记录。锡集中在中国的少数几个地区，储量少，根据地质学的研究，主要的锡矿都在长江以南地区。显然，华北地区是穷锡区。根据文献记载，黄河流域存在小型锡矿且曾被早期王朝开采，只是大部分这样的锡矿历史上就被开采尽了。铅矿在中国有很广的分布，集中储藏于云南、内蒙古、甘肃、广东、湖南和广西等地区。

考古发现表明，这些富含金属矿藏的主要矿带，至少有两个进入了二里头和二里岗商王朝的视野：晋南的中条山和长江中下游地区。它们的金属矿藏应该是最早被开发利用的。

盐是人类饮食最重要的组成部分，并且可以用于其他生计活动，比如加工兽皮。在中国古代，山西南部运城盆地的河东盐池（解池），为黄河中游地区和淮河流域部分地区的人民提供了食盐资源。河东盐池的盐是自然蒸发结晶的，易于采集，因此它可能是在历史时代以前很久就被人们利用的最早的盐业资源之一。食用解盐的地区恰是中国最早城市出现的地区，因此，河东盐池可能在早期国家的经济中占有重要位置[204]。

国家群与"国上之国"

如前所述，无论伴随对金属等重要资源开发的扩张势头、青铜礼器和兵器的制造工艺，还是都邑的庞大化、宫室建筑的形制布局，在诸多的方面，至少二里头晚期到西周时代的中原王朝（或称早期国家、早期王朝），更多地显现出一种连续发展的态势。考古学文化的聚类分割或可能的王朝更替都没有导致这一总体趋势的断裂。

那么，中国学界近年常用的"早期国家"（early state）的概念，

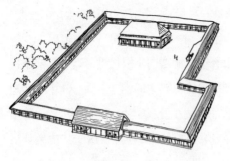

二里头 1 号基址复原图
（杨鸿勋 2001）

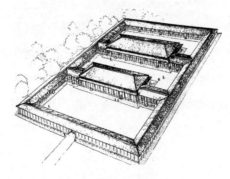

盘龙城 1~3 号基址复原图
（杨鸿勋 2001）

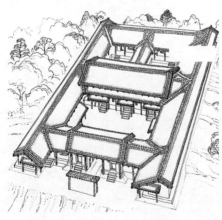

岐山凤雏甲址复原图
（傅熹年 2008）

宫室建筑形制布局的延续性。封闭式结构、坐北朝南、中轴对称等要素，体现的是"建中立极"、王权至上的政治思想

能否完全诠释以二里头为开端的中原王朝崛起于东亚的意义？以王都为顶端的如此巨大、复杂的社会，能否称为单一的"国家"？古文字学家早已指出早期王朝的地域统治并非稳定不变，周边政治集团时服时叛，那么当时的社会模式究竟如何？

日本学者黄川田修博士在整合前人研究的基础上，概括出从二里头到春秋时代以王都为顶端的早期王朝社会统治结构的三个特点：

（一）"早期王朝"绝非单一的国家（state）。它是由无数的诸侯国构成的"国家联盟"，应总称为"国家群"（state complex）。王室与各地诸侯均有自己的国家，而各地诸侯所统治的社会对于王室相对保持一定的独立性。

（二）各国家的聚落群都可见一定的阶层结构，即"大族邑—小族邑—属邑"，总体上构成"邑制国家"[205]。

（三）早期王朝并非如战国时代出现的那样高度发达的中央集权社会。

早期王朝在统御各诸侯之际，可用的政治手段以宗教仪式为主，而二里头文化期形成的"礼乐文化"在该仪式中发挥了重要作用。"商（殷）、周以及传说中的夏，都是以礼乐作为纽带由邑制国家群组成的共同体"[206]。

美国匹兹堡大学的许倬云教授在英文版《西周史》一书中，曾将西周王朝及其在黄河、淮河、长江流域分封的诸侯群总称为"周系国家群"（the Chou states），但后来的中文版做了改订，把每个国家都称为"华夏国家"[207]。黄川田修采用许氏之说并加以修正，将二里头时代至春秋时代在黄河中游及周围形成的共同体称为"华夏系统国家群"（Hua-xia state complex）。

中国社科院王震中研究员则认为，"夏商周三代的王国，属于'国上之国'，王国与邦国代表了当时国家类型的两种形态，而夏商周三代历史的特殊性之一也就在于中央王国与诸地域的邦国所存在的这种特殊关系"。认清这种关系，"不但有助于对当时国家概念的多层次的理解，也有助于加深对当时国家结构特殊性的认识"[208]。

如是，以"国上之国"为核心的"华夏系统国家群"形成了一个巨大的文明圈——华夏文明圈。

软实力催生"中国"世界

无论二里头属何种国家类型，可以肯定的是，它在内部高度发展的同时，向四围发射出超越自然地理单元和文化屏障的强力冲击波。显然，更大范围的这种文化的远播，不是靠军事推进和暴力输出，而是凭借其软实力的巨大张力。

从空间分布上看，盉（鬶）、爵等二里头风格的陶礼器向北见于燕山以北的夏家店下层文化，南及由浙江到四川的长江流域一带，西达黄河上游的甘肃、青海一带。进入二里头时代，第二部分"嵩山的动向"中所述起源于海岱地区的玉璋，又以二里头都邑作为其扩散的起点或者中介点，向长江中上游甚至岭南一带传播，直至越南北部。长江上游成都平原三星堆文化出土的变形兽面纹铜牌饰，一般认为是以二里头文化的同类器为原型仿制而成。在黄河支流渭河流域的甘肃天水,也采集到了一件兽面纹铜牌饰,与二里头遗址出土铜牌饰相类。

这些都应是当地的土著文化选择性地接受中原王朝文化因素的结果。

需指出的是,目前各地所见二里头文化因素较为复杂,时间上也有早晚之别。有的可能与二里头文化大体同时,有的则要晚到二

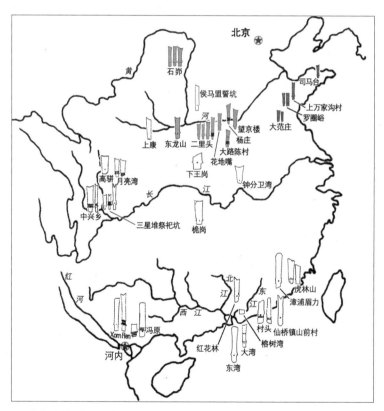

二里头文化前后东亚玉璋的分布。如果把这些相距甚远的出土地点联系起来看,可知位于其分布中心的二里头遗址应是其扩散的起点或者中介点(据邓聪图改绘)

东周时代中原式青铜剑的分布（西江清高 1999）

里岗文化甚至殷墟文化时期。有的大概属于早年的"传世品"，有的则可能是模仿二里头文化的器物而制作于当地，因而加入了若干当地的文化因素。有的文化因素还可能是经多次"接力"而间接向外传播的。由于传播距离的遥远，器物形制和装饰风格在不断变化，年代上也会大大晚于二里头时代[209]。

日本学者西江清高教授指出，在东亚大陆，秦汉帝国问世前的春秋战国时代，中原式直刃青铜剑的分布基本上可代表文化意义上"中国"的扩展范围。其北、南、西界分别及于长城、岭南和四川成都平原。这一范围，与上述二里头文化陶、玉礼器的分布范围大体相合，意味深长。或许，"中国"世界的空间轮廓，早在公元前二千纪前叶的二里头时代，就已显现出了它最早的雏形[210]。

这一范围，甚至突破了《尚书·禹贡》所载"九州"的范围。

邵望平研究员通过对中国内地考古学材料与古文献的整合研究，指出《禹贡》"九州"既不是中国古代的行政区划，也不是战国时的托古假设，而是自公元前2000年前后就实际存在的，源远流长的，自然形成的人文地理区系。公元前第二千纪，以中原为中心的文化区系先后建立起凌驾于其他区系之上的中央王国，成为三代京畿之地。中央王国以军事、政治的纽带把已经自然形成的中华两河流域文化圈进一步联结在自己的周围，迫使各区进贡其文化精华，并予以消化、提炼，再创造出更高层次的文明成果，从而迅速地发展壮大了自身，并以这些成果"赐予"、传播至周围各区，加速了各区文明发展的进程，同时也削弱了它们的独立性，从而产生了具有双重来源或多源的商代方国文化、周代侯国文化[211]。

作为广域王权国家的"中国"，由此起步。

余 论

美国哥伦比亚大学的李峰教授在《西周的政体：中国早期的官僚制度和国家》"中文版序"中指出：

> 更为重要的是，我们对西周国家的认识基本上可以在西周当代的史料（Contemporaneous Historical Sources）也就是青铜器铭文上建立起来，可以相对较少地受到后代文献史料价值观的困扰。
> 重要的是我们首先要把西周金文中的情况搞清楚（哪怕是不能完全搞清楚），这样我们即使使用后世文献才会有一个可靠的基础。如果我们从后世文献譬如说《周礼》这本书出发，我们将搞不清这些文献中记载的哪些是西周真正的制度，哪些是后世的创造。我想对于重视史料价值的史学研究者来讲，这一点是很好理解的。因此，在西周政府的研究中我是不主张用，至少是不首先用《周礼》的。这不是"二重证据法"所能解决的问题，而是我们有关西周历史的研究真正的立足点究竟在哪里的问题。[212]

与李峰出于同样的考虑，我们"描述"这段历史的出发点也没有放在后世的文献上。虽然没有甲骨文、金文那样直接的文字材料,但相比之下,不会说话的考古材料本身还是具有很强的质朴性。我们只要充分地意识到考古学材料和学科手段的局限性,注意过度解释的危险,避开它回答不了的具体族属、国别等问题,考古学还是可以提供丰富的历史线索的。抛却了王城岗究竟是"阳城"还是"羊圈"之类的争执,我们看到了一片广阔的天地。

对中原腹地文化态势和集团动向哪怕是粗线条的勾勒,正是中国考古学在历史建构上的重大贡献。公元前2000年左右中原腹地的考古学景观,导致源自后世文献的统一强势的早期"夏王朝"可能被解构,不能不认为是极具震撼力的。要强调的是,整个学科意欲逐渐摆脱"证经补史"的取向,意识到必须用自己特有的"语言"才能做出历史性的贡献,也只是十几年间的事。这使我们有理由对考古学参与古史建构的能力和前景感到乐观。

[注　释]

1　许宏:《方法论视角下的夏商分界研究》,《三代考古》(三),科学出版社,2009年。

2　许宏:《方法论视角下的夏商分界研究》,《三代考古》(三),科学出版社,2009年。

3　夏商周断代工程专家组:《夏商周断代工程1996~2000年阶段成果报告(简本)》,世界图书出版公司,2000年。

4　一般认为相当于公元前3000~前2000年左右。严文明:《龙山文化与龙山时代》,《文物》1981年第6期。严文明:《龙山时代城址的初步研究》,《中国考古学与历史学之整合研究》,中研院历史语言研究所,1997年。根据最新的考古学和年代学研究成果,这一时代的下限或可延至公元前1800年左右,与二里头文化相衔接。

5　存在了大约四百年的陶寺文化,被分为早期(公元前2300~前2100年)、中期(公元前2100~前2000年)、晚期(公元前2000~前1900年)三个阶段。公元前2000年左右,正值陶寺文化的中、晚期之交(何驽:《陶寺文化谱系研究综论》,《古代文明》第3卷,文物出版社,2004年)。

6　中国社会科学院考古研究所山西队、山西省考古研究所、临汾市文物局:《山西襄汾陶寺城址2002年发掘报告》,《考古学报》2005年第3期。

7　中国社会科学院考古研究所、山西省临汾市文物局:《襄汾陶寺——1978-1985年发掘报告》,文物出版社,2015年。中国社会科学院考古研究所山西工作队、山西省考古研究所、临汾市文物局:《陶寺城址发现陶寺文化中期墓葬》,《考古》2003年第9期。

8　据最新的相关发现和对以往考古材料的再检视,发掘者又提出了陶寺晚期"石崈集团"入侵—本地政权复辟——最终被剿灭的假说。何驽:《对于陶寺文化晚期聚落形态与社会变化的新认识》,《新世纪的中国考古学(续)》,科学出版社,2015年。史实是唯一的,而阐释是无穷的,一切均有待进一步的探索。这里,我们讲述的只是一种可能,故标题附以问号以示不确定性。

9 中国社会科学院考古研究所山西队、山西省考古研究所、临汾市文物局:《山西襄汾陶寺城址 2002 年发掘报告》,《考古学报》2005 年第 3 期。

10 中国社会科学院考古研究所山西工作队、山西省考古研究所、临汾市文物局:《陶寺城址发现陶寺文化中期墓葬》,《考古》2003 年第 9 期。

11 中国社会科学院考古研究所、山西省临汾市文物局:《襄汾陶寺——1978-1985 年发掘报告》,文物出版社,2015 年。高炜:《中原龙山文化葬制研究》,《中国考古学论丛》,科学出版社,1993 年。

12 梁思永、高去寻:《侯家庄·第 1217 号大墓》,中研院历史语言研究所,1968 年。

13 中国社会科学院考古研究所、山西省临汾市文物局:《襄汾陶寺——1978-1985 年发掘报告》,文物出版社,2015 年。

14 高炜:《龙山时代的礼制》,《庆祝苏秉琦考古五十五年论文集》,文物出版社,1989 年。

15 高炜研究员在《中国文明起源座谈纪要》中的发言,见《考古》1989 年第 12 期。

16 许宏:《礼制遗存与礼乐文化的起源》,《古代文明》第 3 卷,文物出版社,2004 年。

17 牟永抗、宋兆麟:《江浙的石犁和破土器——试论我国犁耕的起源》,《农业考古》1981 年第 2 期。

18 指黄河下游以泰山为中心的滨海地区,与现山东省大致相当或略大。

19 高炜:《中原龙山文化葬制研究》,《中国考古学论丛》,科学出版社,1993 年。

20 韩建业:《略论中国铜石并用时代社会发展的一般趋势和不同模式》,《古代文明》第 2 卷,文物出版社,2003 年。

21 高炜:《晋西南与中国古代文明的形成》,《汾河湾——丁村文化与晋文化考古

22. 何驽：《2010年陶寺遗址群聚落形态考古实践与理论收获》，《中国社会科学院古代文明研究中心通讯》第21期，2011年。

23. 高炜：《晋西南与中国古代文明的形成》，《汾河湾——丁村文化与晋文化考古学术研讨会文集》，山西高校联合出版社，1996年。

24. 严文明：《论中国的铜石并用时代》，《史前研究》1984年第1期。

25. 中国社会科学院考古研究所、山西省临汾市文物局：《襄汾陶寺——1978-1985年发掘报告》，文物出版社，2015年。

26. 高炜、吴钊：《陶寺遗址出土乐器的意义》，《中国音乐文物大系·山西卷》，大象出版社，2000年。

27. 梁星彭、严志斌：《山西襄汾陶寺文化城址》，《2001中国重要考古发现》，文物出版社，2002年。中华人民共和国科学技术部、国家文物局编：《早期中国——中华文明起源》，文物出版社，2009年。

28. 中国社会科学院考古研究所山西队、山西省考古研究所、临汾市文物局：《山西襄汾县陶寺城址发现陶寺文化中期大型夯土建筑基址》，《考古》2008年第3期。

29. 李健民：《陶寺遗址出土的朱书"文"字扁壶》，《中国社会科学院古代文明研究中心通讯》第1期，2001年。

30. 高炜：《陶寺出土文字二三事》，《中国社会科学院古代文明研究中心通讯》第3期，2002年。

31. 沈长云、张渭莲：《中国古代国家起源与形成研究》，人民出版社，2009年，第174页。

32. 罗琨：《陶寺陶文考释》，《中国社会科学院古代文明研究中心通讯》第2期，2001年。

33. 何驽：《陶寺遗址扁壶朱书"文字"新探》，《中国文物报》2003年11月28日。

34. 葛英会：《破译帝尧名号 推进文明探源》，《古代文明研究通讯》总第32期，2007年。

35. 冯时：《"文邑"考》，《考古学报》2008年第3期。

36 朱冰：《陶寺毛笔朱书文字考释》，《中国文物报》2010 年 12 月 24 日。

37 田建文：《我看陶寺遗址出土的朱书"文字"扁壶》，《考古学研究》（十），科学出版社，2012 年。

38 中国社会科学院考古研究所山西队、山西省考古研究所、临汾市文物局：《山西襄汾县陶寺城址发现陶寺文化中期大型夯土建筑基址》，《考古》2008 年第 3 期。

39 许宏：《方法论视角下的夏商分界研究》，《三代考古》（三），科学出版社，2009 年。

40 高炜：《陶寺，一个永远的话题》，《襄汾陶寺遗址研究》，科学出版社，2007 年。

41 高炜、高天麟、张岱海：《关于陶寺墓地的几个问题》，《考古》1983 年第 6 期。

42 李民：《尧、舜时代与陶寺遗址》，《史前研究》1985 年第 4 期。

43 刘绪：《简论陶寺类型不是夏文化——兼谈二里头文化的性质》，《史前研究》1990~1991 年辑刊。

44 王克林：《陶寺文化与唐尧、虞舜——论华夏文化的发展》，《文物世界》2001 年第 1、2 期。

45 黄石林：《陶寺遗址乃尧至禹都论》，《文物世界》2001 年第 6 期。

46 王克林：《陶寺晚期龙山文化与夏文化——论华夏文明的形成》，《文物世界》2001 年第 5、6 期。

47 高炜：《陶寺，一个永远的话题》，《襄汾陶寺遗址研究》，科学出版社，2007 年。

48 贾雷德·戴蒙德著，江滢、叶臻译：《崩溃——社会如何选择成败兴亡》，上海译文出版社，2008 年。

49 刘莉著，陈星灿等译：《中国新石器时代：迈向早期国家之路》，文物出版社，2007 年。

50 许宏：《"连续"中的"断裂"——关于中国文明与早期国家形成过程的思考》，《文物》2001 年第 2 期。

51 周昆叔、张松林、张震宇等：《论嵩山文化圈》，《中原文物》2005 年第 1 期。

52 严文明:《龙山文化与龙山时代》,《文物》1981年第6期。

53 韩建业、杨新改:《王湾三期文化研究》,《考古学报》1997年第1期。董琦:《虞夏时期的中原》,科学出版社,2000年。河南省文物研究所编:《河南考古四十年(1952~1992)》,河南人民出版社,1994年。

54 冰白:《从龙山晚期的中原态势看二里头文化的形成——兼谈对早期夏文化的若干认识》,《中国考古学的跨世纪反思》,商务印书馆(香港)有限公司,1999年。王立新:《从嵩山南北的文化整合看夏王朝的出现》,《二里头遗址与二里头文化研究》,科学出版社,2006年。

55 张海:《公元前4000至前1500年中原腹地的文化演进与社会复杂化》,北京大学博士研究生学位论文,2007年。

56 王立新:《从嵩山南北的文化整合看夏王朝的出现》,《二里头遗址与二里头文化研究》,科学出版社,2006年。

57 刘莉著,陈星灿等译:《中国新石器时代:迈向早期国家之路》,文物出版社,2007年。

58 中国社会科学院考古研究所二里头工作队:《河南洛阳盆地2001~2003年考古调查简报》,《考古》2005年第5期。张海:《公元前4000至前1500年中原腹地的文化演进与社会复杂化》,北京大学博士研究生学位论文,2007年。

59 陈星灿、刘莉、李润权等:《中国文明腹地的社会复杂化进程——伊洛河地区的聚落形态研究》,《考古学报》2003年第2期。

60 赵辉、魏峻:《中国新石器时代城址的发现与研究》,《古代文明》第1卷,文物出版社,2002年。

61 赵辉、魏峻:《中国新石器时代城址的发现与研究》,《古代文明》第1卷,文物出版社,2002年。

62 魏兴涛:《中原龙山城址的年代与兴废原因试探》,《华夏考古》2010年第1期。

63 方燕明:《夏代前期城址的考古学观察》,《新果集》,科学出版社,2008年。

64 钱耀鹏:《中国史前城址与文明起源研究》,西北大学出版社,2001年,第127页。

65 张海:《公元前4000至前1500年中原腹地的文化演进与社会复杂化》,北京大学博士研究生学位论文，2007年。

66 许宏：《"连续"中的"断裂"——关于中国文明与早期国家形成过程的思考》，《文物》2001年第2期。

67 赵辉、魏峻：《中国新石器时代城址的发现与研究》，《古代文明》第1卷，文物出版社，2002年。

68 河南省文物研究所、中国历史博物馆考古部：《登封王城岗与阳城》，文物出版社，1992年。

69 北京大学考古文博学院、河南省文物考古研究所：《登封王城岗考古发现与研究（2002～2005）》，大象出版社，2007年。

70 张海：《公元前4000至前1500年中原腹地的文化演进与社会复杂化》，北京大学博士研究生学位论文，2007年。

71 何新年：《行走中原》，大象出版社，2007年，第57页。

72 河南省文物研究所、中国历史博物馆考古部：《登封王城岗与阳城》，文物出版社，1992年。

73 郑杰祥编：《夏文化论集》，文物出版社，2002年。

74 北京大学考古文博学院、河南省文物考古研究所：《登封王城岗考古发现与研究（2002～2005）》，大象出版社，2007年。

75 北京大学考古文博学院、河南省文物考古研究所：《登封王城岗考古发现与研究（2002～2005）》，大象出版社，2007年。

76 斯塔夫里阿诺斯著，吴象婴、梁赤民译：《全球通史：从史前史到21世纪（第7版修订版）》，北京大学出版社，2006年。

77 王清：《大禹治水的地理背景》，《中原文物》1999年第1期。

78 吴文祥、葛全胜：《夏朝前夕洪水发生的可能性及大禹治水真相》，《第四纪研究》第25卷第6期，2005年。

79 北京大学考古文博学院、河南省文物考古研究所：《登封王城岗考古发现与研究（2002～2005）》，大象出版社，2007年，第796-797页。

80 徐旭生：《中国古史的传说时代》，科学出版社，1985年，第139-140页。

81 邵望平：《〈禹贡〉九州风土考古学丛考》，《九州学刊》（香港）第2卷第2期，

1988 年。

82. 夏正楷、杨晓燕：《我国北方 4ka B. P. 前后异常洪水事件的初步研究》，《第四纪研究》第 23 卷第 6 期，2003 年。

83. 沈长云、张渭莲：《中国古代国家起源与形成研究》，人民出版社，2009 年，第 218-219 页。

84. 河南省文物考古研究所：《禹州瓦店》，世界图书出版公司北京公司，2004 年。北京大学考古文博学院、河南省文物考古研究所：《登封王城岗考古发现与研究（2002~2005）》，大象出版社，2007 年。

85. 北京大学考古文博学院、河南省文物考古研究所：《登封王城岗考古发现与研究（2002~2005）》，大象出版社，2007 年。

86. 北京大学考古文博学院、河南省文物考古研究所：《登封王城岗考古发现与研究（2002~2005）》，大象出版社，2007 年。

87. 前者年代已确认；后者不晚于汉代，待察。

88. 北京大学考古文博学院、河南省文物考古研究所：《登封王城岗考古发现与研究（2002~2005）》，大象出版社，2007 年。

89. 王立新：《从嵩山南北的文化整合看夏王朝的出现》，《二里头遗址与二里头文化研究》，科学出版社，2006 年。

90. 许宏：《先秦城市考古学研究》，北京燕山出版社，2000 年。

91. 赵辉、魏峻：《中国新石器时代城址的发现与研究》，《古代文明》第 1 卷，文物出版社，2002 年。

92. 河南省文物研究所、周口地区文化局文物科：《河南淮阳平粮台龙山文化城址试掘简报》，《文物》1983 年第 3 期。

93. 严文明：《龙山时代城址的初步研究》，《中国考古学与历史学之整合研究》，中研院历史语言研究所，1997 年。

94. 罗泰著，许宏译：《中国早期文明中"城市"的发展阶段》，《徐苹芳先生纪念文集》，上海古籍出版社，2012 年。

95. 河南省文物考古研究所、新密市黄帝历史文化研究会：《河南新密市古城寨龙山文化城址发掘简报》，《华夏考古》2002 年第 2 期。

96 蔡全法：《古城寨龙山城址与中原文明的形成》，《中原文物》2002年第6期。

97 方燕明：《夏代前期城址的考古学观察》，《新果集》，科学出版社，2008年。

98 河南省文物研究所、中国历史博物馆考古部：《登封王城岗与阳城》，文物出版社，1992年。

99 洛阳博物馆：《洛阳矬李遗址试掘简报》，《考古》1978年第1期。北京大学考古文博学院：《洛阳王湾：田野考古发掘报告》，北京大学出版社，2002年。洛阳博物馆：《孟津小潘沟遗址试掘简报》，《考古》1978年第4期。中国社会科学院考古研究所河南二队：《河南临汝煤山遗址发掘报告》，《考古学报》1982年第4期。

100 恩格斯：《家庭、私有制和国家的起源》，《马克思恩格斯选集》第4卷，人民出版社，1995年，第177页。

101 邵望平：《中国文明起源和早期国家形态研讨会发言摘要》，《考古》2001年第2期。

102 北京大学震旦古代文明研究中心、郑州市文物考古研究院：《新密新砦——1999~2000年田野考古发掘报告》，文物出版社，2008年。赵春青：《新砦聚落考古的实践与方法》，《考古》2009年第2期。

103 许宏：《"连续"中的"断裂"——关于中国文明与早期国家形成过程的思考》，《文物》2001年第2期。

104 赵春青：《新砦聚落考古的实践与方法》，《考古》2009年第2期。

105 张海：《公元前4000至前1500年中原腹地的文化演进与社会复杂化》，北京大学博士研究生学位论文，2007年。

106 王立新：《从嵩山南北的文化整合看夏王朝的出现》，《二里头遗址与二里头文化研究》，科学出版社，2006年。

107 张海：《公元前4000至前1500年中原腹地的文化演进与社会复杂化》，北京大学博士研究生学位论文，2007年。

108 赵春青：《关于新砦期与二里头一期的若干问题》，《二里头遗址与二里头文化研究》，科学出版社，2006年。

109 许宏：《"新砦文化"研究历程述评》，《三代考古》（二），科学出版社，2006

年。赵春青:《关于新砦期与二里头一期的若干问题》,《二里头遗址与二里头文化研究》,科学出版社,2006年。

110 张海:《公元前4000至前1500年中原腹地的文化演进与社会复杂化》,北京大学博士研究生学位论文,2007年。

111 布鲁斯·炊格尔著,蒋祖棣、刘英译:《时间与传统》,生活·读书·新知三联书店,1991年。

112 张海:《公元前4000至前1500年中原腹地的文化演进与社会复杂化》,北京大学博士研究生学位论文,2007年。

113 许宏:《最早的中国》,科学出版社,2009年。

114 许宏:《先秦城市考古学研究》,北京燕山出版社,2000年。

115 李宏飞:《中国古典意义的"大同·小康社会"》,《社会学研究》2010年第4期。

116 郑州市文物考古研究所、北京大学考古文博学院:《河南巩义市花地嘴遗址"新砦期"遗存》,《考古》2005年第6期。

117 张海:《公元前4000至前1500年中原腹地的文化演进与社会复杂化》,北京大学博士研究生学位论文,2007年。

118 中国社会科学院考古研究所河南新砦队、郑州市文物考古研究院:《河南新密市新砦遗址东城墙发掘简报》,《考古》2009年第2期。

119 许宏:《21世纪初中国考古学的新发现及其学术意义》,《燕京学报》新十八期,2005年。张海:《公元前4000至前1500年中原腹地的文化演进与社会复杂化》,北京大学博士研究生学位论文,2007年。

120 中国社会科学院考古研究所:《中国考古学·夏商卷》,中国社会科学出版社,2003年。中国社会科学院考古研究所河南新砦队、郑州市文物考古研究院:《河南新密市新砦遗址东城墙发掘简报》,《考古》2009年第2期。

121 赵春青:《新密新砦城址与夏启之居》,《中原文物》2004年第3期。

122 赵春青:《新砦期的确认及其意义》,《中原文物》2002年第1期。

123 夏商周断代工程专家组:《夏商周断代工程1996～2000年阶段成果报告(简本)》,世界图书出版公司,2000年。

124 李先登:《王城岗遗址出土的铜器残片及其他》,《文物》1984年第11期。河南省文物研究所、中国历史博物馆考古部:《登封王城岗与阳城》,文物出版社,1992年。

125 董琦:《王城岗城堡遗址再分析》,《中国历史文物》2002年第3期。

126 朱凤瀚:《中国青铜器综论》,上海古籍出版社,2009年,第15页。

127 北京大学震旦古代文明研究中心、郑州市文物考古研究院:《新密新砦——1999~2000年田野考古发掘报告》,文物出版社,2008年。

128 严文明:《论中国的铜石并用时代》,《史前研究》1984年第1期。

129 邵望平:《铜鬶的启示》,《文物》1980年第2期。

130 高广仁、邵望平:《史前陶鬶初论》,《考古学报》1981年第4期。

131 邵望平:《铜鬶的启示》,《文物》1980年第2期。

132 许宏:《"连续"中的"断裂"——关于中国文明与早期国家形成过程的思考》,《文物》2001年第2期。

133 顾万发:《试论新砦陶器盖上的饕餮纹》,《华夏考古》2000年第4期。

134 北京大学震旦古代文明研究中心、郑州市文物考古研究院:《新密新砦——1999~2000年田野考古发掘报告》,文物出版社,2008年。

135 许宏:《最早的中国》,科学出版社,2009年。

136 郑州市文物考古研究所、北京大学考古文博学院:《河南巩义市花地嘴遗址"新砦期"遗存》,《考古》2005年第6期。

137 栾丰实:《二里头遗址出土玉礼器中的东方因素》,《中原地区文明化进程学术研讨会文集》,科学出版社,2006年。许宏:《最早的中国》,科学出版社,2009年。

138 邓聪主编:《香港中文大学"华夏第一龙"展览图录》,2012年。

139 顾万发、张松林:《论花地嘴遗址所出墨玉璋》,《商都文明》2007年第4期。

140 郑州市文物考古研究所、北京大学考古文博学院:《河南巩义市花地嘴遗址"新砦期"遗存》,《考古》2005年第6期。

141 顾颉刚、童书业:《夏史三论》,《古史辨》第七册下,开明书店,1941年。沈长云、张渭莲:《中国古代国家起源与形成研究》,人民出版社,2009年。

142 中国社会科学院考古研究所、中国社会科学院古代文明研究中心:《中国文明起源研究要览》,文物出版社,2003年。

143 赵辉:《以中原为中心的历史趋势的形成》,《文物》2000年第1期。赵辉:《中国的史前基础——再论以中原为中心的历史趋势》,《文物》2006年第8期。

144 Robert L. Carneiro, A Theory of the Origin of the State. Science 169, 1970.

145 易建平:《战争与文化演进:卡内罗的限制理论》,《史学理论研究》2001年第4期。

146 赵辉:《以中原为中心的历史趋势的形成》,《文物》2000年第1期。

147 赵春青:《郑洛地区新石器时代聚落的演变》,北京大学出版社,2001年,第155页。

148 王立新:《从嵩山南北的文化整合看夏王朝的出现》,《二里头遗址与二里头文化研究》,科学出版社,2006年,第417-418页。

149 王立新:《从嵩山南北的文化整合看夏王朝的出现》,《二里头遗址与二里头文化研究》,科学出版社,2006年。作者认为煤山和王湾类型分属于两个不同的考古学文化。

150 袁广阔:《再思二里头文化的来源》,《中国文物报》2005年6月24日。

151 沈长云:《夏族兴起于古河济之间的考古学考察》,《历史研究》2007年第6期。

152 陈剩勇:《中国第一王朝的崛起——中华文明和国家起源之谜破译》,湖南出版社,1994年。

153 许宏:《最早的中国》,科学出版社,2009年。

154 段鹏琦:《汉魏洛阳城与自然河流的开发和利用》,《庆祝苏秉琦考古五十五年论文集》,文物出版社,1989年。中国社会科学院考古研究所洛阳汉魏城工作队:《北魏洛阳外郭城和水道的勘查》,《考古》1993年第7期。中国社会科学院考古研究所二里头工作队:《河南洛阳盆地2001~2003年考古调查简报》,《考古》2005年第5期。

155 中国社会科学院考古研究所二里头工作队:《河南洛阳盆地2001~2003年考古调查简报》,《考古》2005年第5期。

156 许宏、陈国梁、赵海涛:《二里头遗址聚落形态的初步考察》,《考古》2004年第 11 期。

157 段鹏琦:《洛阳古代都城城址迁移现象试析》,《考古与文物》1999 年第 4 期。
王学荣:《偃师商城与二里头遗址的几个问题》,《考古》1996 年第 5 期。

158 段鹏琦:《洛阳古代都城城址迁移现象试析》,《考古与文物》1999 年第 4 期。
王学荣:《偃师商城与二里头遗址的几个问题》,《考古》1996 年第 5 期。

159 中国社会科学院考古研究所河南第二工作队:《河南偃师商城Ⅳ区 1996 年发掘简报》,《考古》1999 年第 2 期。

160 许宏:《最早的中国》,科学出版社,2009 年。

161 许宏、陈国梁、赵海涛:《二里头遗址聚落形态的初步考察》,《考古》2004 年第 11 期。

162 中国社会科学院考古研究所:《偃师二里头——1959 年~1978 年考古发掘报告》,中国大百科全书出版社,1999 年。

163 中国社会科学院考古研究所河南新砦队、郑州市文物考古研究院:《河南新密市新砦遗址东城墙发掘简报》,《考古》2009 年第 2 期。

164 中国社会科学院考古研究所:《中国考古学·夏商卷》,中国社会科学出版社,2003 年。

165 杜金鹏:《偃师二里头夏都规划探论》,《夏商周考古学研究》,科学出版社,2007 年。

166 中国社会科学院考古研究所:《二里头(1999-2006)》,文物出版社,2014 年。

167 中国社会科学院考古研究所:《二里头(1999-2006)》,文物出版社,2014 年。

168 唐晓峰:《城市纪念性小议》,《人文地理随笔》,生活·读书·新知三联书店,2005 年。

169 冈村秀典:《夏王朝——王権誕生の考古學》,講談社(東京),2003 年。

170 许宏、刘莉:《关于二里头遗址的省思》,《文物》2008 年第 1 期。

171 许宏、赵海涛:《二里头遗址文化分期再检讨——以出土铜、玉礼器的墓葬为中心》,《南方文物》2010 年第 3 期。

172 中国社会科学院考古研究所:《二里头(1999-2006)》,文物出版社,2014 年。

173 许宏、陈国梁、赵海涛:《二里头遗址聚落形态的初步考察》,《考古》2004 年第 11 期。

174　许宏：《嵩山南北龙山文化向二里头文化演进过程管窥》，《中原地区文明化进程学术研讨会文集》，科学出版社，2006 年。

175　王明珂：《华夏边缘：历史记忆与族群认同》，允晨文化实业股份有限公司（台北），1997 年。

176　中国社会科学院考古研究所：《中国考古学·夏商卷》，中国社会科学出版社，2003 年。

177　宫本一夫：《二里头文化青铜彝器的演变及意义》，《二里头遗址与二里头文化研究》，科学出版社，2006 年。

178　许宏：《最早的中国》，科学出版社，2009 年。

179　赵春青：《新砦聚落考古的实践与方法》，《考古》2009 年第 2 期。

180　许宏：《嵩山南北龙山文化向二里头文化演进过程管窥》，《中原地区文明化进程学术研讨会文集》，科学出版社，2006 年。张海：《公元前 4000 至前 1500 年中原腹地的文化演进与社会复杂化》，北京大学博士研究生学位论文，2007 年。

181　许宏：《嵩山南北龙山文化向二里头文化演进过程管窥》，《中原地区文明化进程学术研讨会文集》，科学出版社，2006 年。

182　中国社会科学院考古研究所：《中国考古学·夏商卷》，中国社会科学出版社，2003 年。

183　邹衡：《试论夏文化》，《夏商周考古学论文集》，文物出版社，1980 年。中国社会科学院考古研究所：《中国考古学·夏商卷》，中国社会科学出版社，2003 年。

184　张忠培、杨晶：《客省庄与三里桥文化的单把鬲及其相关问题》，《宿白先生八秩华诞纪念文集》，文物出版社，2002 年。

185　郑杰祥：《夏史初探》，中州古籍出版社，1988 年。张忠培、杨晶：《客省庄与三里桥文化的单把鬲及其相关问题》，《宿白先生八秩华诞纪念文集》，文物出版社，2002 年。井中伟、王立新编著：《夏商周考古学》，科学出版社，2013 年。

186　邹衡：《试论夏文化》，《夏商周考古学论文集》，文物出版社，1980 年。

187 日文称"威信财",英文为 prestige goods,中文尚无精准的对应词,可勉强译为"礼器"吧。网络词典给出的释义是"名牌商品"!也是,名牌商品亦属身份地位象征物,但世事变迁,内涵已风马牛而不相及。

188 西江清高、久慈大介:《从地域间关系看二里头文化期中原王朝的空间结构》,《二里头遗址与二里头文化研究》,科学出版社,2006年。

189 西江清高、久慈大介:《从地域间关系看二里头文化期中原王朝的空间结构》,《二里头遗址与二里头文化研究》,科学出版社,2006年。

190 松丸道雄、池田溫、斯波義信等編:《世界歷史大系:中國史1——先史～後漢——》,山川出版社(東京),2003年。西江清高、久慈大介:《从地域间关系看二里头文化期中原王朝的空间结构》,《二里头遗址与二里头文化研究》,科学出版社,2006年。

191 宮本一夫:《神話から歷史へ——神話時代 夏王朝——》講談社,2005年。

192 北京大学考古学系、驻马店市文物保护管理所:《驻马店杨庄——中全新世淮河上游的文化遗存与环境信息》,科学出版社,1998年。

193 陕西省考古研究院、商洛市博物馆:《商洛东龙山》,科学出版社,2011年。

194 刘莉、陈星灿:《中国早期国家的形成——从二里头和二里岗时期的中心和边缘之间关系谈起》,《古代文明》第1卷,文物出版社,2002年。

195 河南省文物研究所、长江流域规划办公室考古队河南分队:《淅川下王岗》,文物出版社,1989年。

196 北京大学考古学系、驻马店市文物保护管理所:《驻马店杨庄——中全新世淮河上游的文化遗存与环境信息》,科学出版社,1998年。

197 中国社会科学院考古研究所:《中国考古学·夏商卷》,中国社会科学出版社,2003年。

198 湖北省文物考古研究所:《盘龙城——1963～1994年考古发掘报告》,文物出版社,2001年。

199 向桃初:《二里头文化向南方的传播》,《考古》2011年第10期。

200 刘莉、陈星灿:《中国早期国家的形成——从二里头和二里岗时期的中心和边缘之间关系谈起》,《古代文明》第1卷,文物出版社,2002年。

201 刘莉、陈星灿:《中国早期国家的形成——从二里头和二里岗时期的中心和边缘之间关系谈起》,《古代文明》第 1 卷,文物出版社,2002 年。

202 许宏:《商文明——中国"原史"与"历史"时代的分界点》,《东方考古》第 4 集,科学出版社,2008 年。

203 华觉明:《中国古代金属技术》,大象出版社,1999 年。朱训主编:《中国矿情:金属矿藏》,科学出版社,1999 年。

204 刘莉、陈星灿:《中国早期国家的形成——从二里头和二里岗时期的中心和边缘之间关系谈起》,《古代文明》第 1 卷,文物出版社,2002 年。

205 松丸道雄:《殷周國家の構造》,《岩波講座世界歷史(4)古代 4 東アジア世界の形成Ⅰ》,岩波書店(東京),1970 年。松丸道雄、池田溫、斯波義信等編:《世界歷史大系:中國史 1——先史～後漢——》,山川出版社(東京),2003 年。

206 黄川田修:《华夏系统国家群之诞生——讨论所谓"夏商周"时代之社会结构》,《三代考古》(三),科学出版社,2009 年。

207 Hsu Cho-yun and Linduff Katheryn M, *Western Chou Civilization*.New Haven and London:Yale University Press, 1988. 许倬云:《西周史(增订本)》,生活・读书・新知三联书店,1994 年。

208 王震中:《简论邦国与王国》,《中国社会科学院院报》2007 年 2 月 13 日。

209 许宏:《最早的中国》,科学出版社,2009 年。

210 西江清高:《黄河中流域における初期王朝の登場》,《世界の考古学 7 中國の考古学》,同成社(東京),1999 年。

211 邵望平:《禹贡九州的考古学研究——兼说中国古代文明的多源性》,《九州学刊》(香港)第 2 卷第 1 期,1987 年。

212 李峰:《西周的政体:中国早期官僚制度和国家》,生活・读书・新知三联书店,2008 年,第Ⅳ页。

后　记

　　两年前，翻开还散发着墨香的《何以中国》第一版，才发现居然忘了写几句"后记"之类的文字作为收束。至少书中引用了那么多的照片线图，尽管注明了出处，还是要对制作和提供者表示由衷的谢忱；还有三联书店优秀的编辑团队的付出，都是我不能忘怀的。所以一直引以为憾。值再版之际，先向相关诸位表达感恩之情，同时也想对这本小书的"出笼"乃至我的公众考古足迹有所交代。

　　这是我第二本面向公众的小书，第一本是《最早的中国》（科学出版社，2009年）。有朋友说《何以中国》就是《最早的中国》的续集吧。从某种意义上，"何以中国"就是对最早的中国如何产生的追问。如果说《最早的中国》写的是二里头王都这一个"点"，那么《何以中国》则是展开了一个扇面，试图讲述二里头这个最早的中国的由来。故可以认为，它是《最早的中国》的姊妹篇。那么它又是如何成书的呢？

　　话题要回溯到2010年，这是我的自媒体——新浪博客"考古人许宏"开张的第二年。这年11月30日，我在博客上推出了一个新话题：《中原一千年之前言：史上空前大提速》。"中原一千年"，这是《最早的中国》出版后,一直萦绕于心的、解读早期中国的一个绝好的视角。我的一个企图是写史,用不那么正统、不那么凝重的笔触、用考古人特有的视角和表达方式来写部小史。大家都知道当今的学者像高速旋转的陀螺,大都处于庸忙中,很难集中时间坐下来完成一本书。但像博客这样兴之所至地化整为零,还是比较现实的。

于是,在有了这样的冲动和一个大致的腹稿后,我从陶寺开始写起,这已是转过年的2011年1月了。每篇千字左右,题目随想随编。"陶寺'革命'了?""都城与阴宅的排场""龙盘、鼍鼓和特磬""'革命'导致失忆?""'拿来主义'的硕果"……越写越顺畅,写前一篇时不知下一篇的题目和内容,但居然没有什么重复和大的改动。手头没有急活的话,可以平均两三天一篇地往上贴,欲罢不能。正巧那年春天,我被安排去党校学习,封闭式的学习生活,极有利于我的规律性写作。隔一天发一篇博文,是我这段时间最大的"副业"收获。到了6月份,党校临近结业,我最终完成了56篇博文,从陶寺一口气写到了二里头。至此,"中原一千年"的穿越之旅已过半。

遗憾的是,随着党校生活的结束,我的中原千年之旅也戛然而止。各种杂务,导致再也提不起笔来。

细心的读者会注意到,从《最早的中国》到《何以中国》,出版社变了,但责任编辑居然没变。这是两本书背后的一段因缘。责编追着作者,作者跟着责编,因解读早期中国而结缘。责编明明女士工作虽有变动,但与作者建立起了稳定互信的合作关系,这当然与三联书店作为"大众学术"平台的出版理念密切相关。总之,合作是愉快的，第二本也就这么"出笼"了。

关于书名，颇费考量。因"中原一千年"之旅没走完，全书围绕着公元前2000年这个颇具兴味的时间点展开，以"最早的中国"——二里头广域王权国家的登场为收束。要将这个"半成品"包装成一本独立的著作，就得有一个合适的书名。《"中国"出中原》《从中原到中国》等都想过。最后，我与责编一致倾向于《何以中国》。我很感谢三联书店的领导开明地认可了这样一个稍显新潮的书名。在一些资深学者的眼中，这不符合中文的表述习惯甚至语法，但因其言简意赅，故不忍释手。语言总是在不断变化的。至于本书的英文书名，鉴于可能的译法不一，我建议并给出了直译方案，但责编"China: 2000 B.C."的提案一出，其他方案黯然失色。碰撞出精品，此之谓也。

除了这本《何以中国》，这56篇博文还有个衍生产品，那就是其浓缩学术版——论文《公元前2000年：中原大变局的考古学观察》。或者应该说，这篇论文背后的严肃思考，才是从系列博文到《何以中国》的重要学术支撑。这是一个较为典型的自媒体、大众学术读物和纯学术成果交融互动的例子。它们表现方式不同，平台不同，读者群不同或仅小有重合。其间话语系统的转换，是公众考古领域值得探究的新课题。这本小书，就是我在探索过程中的又一个尝试。有网友这样评价这本小书的特点：态度是严谨的，观点是保守的，行文是生动的。我感觉还是比较到位的。

如果自评一下本书与《最早的中国》风格上的不同，我想有两点吧。其一，尽管作者、编者都做了将笔调偏于放松的博文"改编"成书的努力，但这书的博客底色应该还在，所以它应该更好读些；其二，注释方便了想要深究这"故事"背景的读者，相信也并不妨碍一般读者的阅读，甚至会感觉更好读？与《最早的中国》贯通之处当然也不少，譬如仍然是小书甚至更小，仍然发挥考古人的特长而多量用图。在这个一切加速度的、读图的时代，这些都会使这本小书变得好读。

表述了半天，发现上一段的关键词只有一个，那就是"好读"。这个词出自读者之口，才是作者最大的心愿。没有想到的是，这本小书在开始销售的几周内常见于三联韬奋书店的榜单前列，年底又跻身2014年度三联书店十大好书，随后被评为2014年度全国文化遗产十佳图书、第七届中国出版集团出版奖之优秀选题奖。在不到一年半的时间里7次印刷、印数达35000册……"好读"一词真的从读者口中听到了，这当然是作者最感欣慰的。

现在，值本书初版两周年之际，出版社又建议再版，改进了装帧设计，增加了彩印版面。借此机会，作者和责编也订正了初版中的错谬之处，增补了部分文字和照片，标注了最新的文献出处。这都使得这本小书更为"好读"。

读者的认可和鼓励是我继续为大家写类似小书的最大动力，愿意与读者诸君共勉。

许　宏
2016年3月